PRENDRE LA VIE
DU BON CÔTÉ

BÉATRICE MILLÊTRE

PRENDRE LA VIE DU BON CÔTÉ

Pratiques du bien-être mental

Odile Jacob

15, rue Soufflot, 75005 Paris

www.odilejacob.fr

ISBN 978-2-7381-2228-5

Sommaire

Introduction

À tous ceux qui viennent me voir, je pose ma question rituelle : « Qu'est-ce qui vous amène ? »

Et presque tous de me répondre : « Je veux aller bien ! »

Cela devrait sous-entendre que ça ne va pas, aujourd'hui, et qu'ils veulent faire en sorte que cela aille bien demain.

Qu'il existe donc des problèmes qu'il faudrait résoudre, auxquels il faudrait trouver des solutions.

En creusant un peu, on s'aperçoit vite que la plupart des gens ne présentent pas de pathologie. Certes ils montrent bien des problématiques : du stress, du manque de confiance en eux, des moments de tension, de dispute, de colère et d'énervement. Mais qui n'en connaît pas ? Qui peut dire qu'il n'en a jamais connu et qu'il n'en connaîtra plus ?

Des problématiques, donc, qui ne nécessitent pas de sortir l'« artillerie lourde » des outils que nous, psychothérapeutes, avons à notre disposition.

Non, il ne s'agit que de bouger quelques rouages, là-haut dans le cerveau, ces quelques rouages qui ne sont pas à leur place, et qui vous empêchent d'être bien.

De changer votre manière d'appréhender la réalité, de prendre du recul et du temps pour vous poser des questions et remettre les choses à plat, en perspective, dans la bonne direction.

Car tous ces gens se trouvent égarés dans une direction qui ne leur convient plus, mais qu'ils ont suivie un peu à leur insu, sans savoir se repérer dans les méandres de ce que la société prône, ou prônait, comme étant la bonne direction : le chemin du bonheur.

Mais quel est-il, ce chemin ?

Et est-il accessible à tous, et à tous de la même manière ?

Première réponse : « Oui », sans trop de difficultés, car il suffit de remettre les morceaux à leur place et de les huiler un peu, ce qui n'est pas très compliqué.

Deuxième réponse : « Mais avec des bémols. » Car il ne faut pas se tromper, et il faut d'abord savoir ce que l'on met derrière le concept de bonheur. Faire la distinction entre bonheur, plaisir, bien-être, équilibre, harmonie... Autant de mots qui nous parlent, mais sur lesquels nous n'avons pas forcément d'opinion quant à leur réalité possible.

Troisième réponse : « Avec un peu de pratique, et les bons outils. »

La première partie vous donnera les clefs pour comprendre ce qu'est le bien-être mental et amorcer le changement.

La deuxième vous donnera les bons outils pour mener à bien votre réflexion et la concrétiser dans votre quotidien.

PREMIÈRE PARTIE

Le bien-être mental

De la gestion au contrôle, à l'anticipation prévoyante, aux notions de solitude, d'indépendance, d'autonomie, au sens de notre vie : les fondements de ce qui vous permettra de mieux vivre.

À ses débuts, la psychologie a privilégié la pathologie : comment soigner et guérir un problème précis.

Depuis quelques années, elle s'oriente vers les qualités et les compétences que nous devons posséder pour aller bien.

Ayant, pendant des décennies, observé de quelle manière nous sommes affectés par les aspects négatifs de la société, nous, les psychologues, avons pu mettre au point un grand nombre d'outils thérapeutiques. Guérir du stress, du manque de confiance en soi, de la dépression, d'une rupture..., autant de pathologies qui, en ce sens, nous ont été extrêmement profitables.

Mais ce n'est pas encore assez, et il faut aller encore plus loin pour donner aux gens les moyens de ne pas tomber dans une pathologie.

Ces moyens, nous les avons.

Nous les avons élaborés au cours des années passées. Nous savons qu'ils fonctionnent. Nous savons également lesquels vous donner pour vous aider à vous constituer une boîte à outils dans laquelle vous puiserez lorsque vous en aurez besoin.

Car aucun de ces outils n'est compliqué à utiliser, ni dans leur compréhension ni dans leur utilisation.

Autrement les thérapies que nous pratiquons n'auraient aucune utilité.

Alors, cela peut sembler magique.

Et ça l'est car cela fonctionne.

Pour cela, il vous suffit d'intégrer un certain nombre de principes, d'outils, puis de les mettre en application.

CHAPITRE 1

Bien-être, bonheur, équilibre, harmonie...

Bien-être, bonheur, équilibre, harmonie, plénitude... autant de mots qui nous parlent. Autant de réalisations que nous souhaitons atteindre, mais sans forcément savoir ce qui se cache derrière chacun de ces concepts, ni ce à quoi il est possible de prétendre.

Bien-être : Disposition agréable du corps, de l'esprit[1].

Bonheur : État de parfaite satisfaction intérieure[2]. Le bonheur est un état durable de plénitude et de satisfaction, état agréable et équilibré de l'esprit et du corps, d'où la souffrance, l'inquiétude et le trouble sont absents[3].

Équilibre : Bon fonctionnement de l'activité mentale[4].

Harmonie : Accord des sentiments[5].

---

1. *Petit Larousse*.
2. *Ibid*.
3. Encyclopédie Wikipédia.
4. *Petit Larousse*.
5. *Ibid*.

Un équilibre mental

Bien-être, bonheur et équilibre sont des mots que nous connaissons et que nous utilisons régulièrement.

Saurions-nous les définir ?

Pour le bonheur, sa quête fait couler beaucoup d'encre depuis l'Antiquité. Mais l'avons-nous trouvé ? Non, car nous savons, intuitivement, que nous ne pouvons l'atteindre. En tout cas pas dans le sens que nous lui donnons communément, c'est-à-dire d'être heureux cent pour cent de notre temps, de notre vie. Cela, nous le gardons pour le paradis, ou pour les bienheureux. Qui, eux, dans leur monde, connaissent le bonheur et rien d'autre.

Et nous savons également qu'ils ne sont pas en prise avec la réalité. Qu'il leur manque des clefs pour vivre en relation avec les autres, qu'ils ne sont pas adaptés au monde qui les entoure.

Pour les bouddhistes[1], le bonheur revient à supprimer les émotions : pas d'émotions négatives, pas d'émotions positives ; vous supprimez tous les soucis, donc vous êtes heureux.

Ce n'est pas ce que nous souhaitons, bien sûr.

Car en matière de bonheur, nous savons qu'il existe des *moments* de bonheur, des moments où nous sommes bien, et des moments de difficultés, de contrariétés, où nous ne sommes pas bien. Des moments qui font partie de la vie et que nous ne pouvons pas supprimer. Mais que nous pouvons gérer et surmonter.

Par contre, atteindre notre équilibre, être bien dans notre tête et dans notre vie et aller bien, oui, cela est possible.

---

1. Si l'on schématise de manière très réductrice.

Car cela veut dire vivre des moments de bonheur, des moments de plaisir, des moments positifs qui alternent avec des moments négatifs qui ne nous abattent pas car nous savons que nous avons les capacités d'y faire face.

C'est cela le bien-être mental : développer une manière d'être et un état d'esprit qui nous permettent d'anticiper le futur de manière constructive et de trouver des solutions aux problèmes lorsqu'ils surviennent, afin de profiter du moment présent et de construire un futur agréable.

Fait de pensées

Nous savons que chaque situation que nous vivons peut être décrite dans sa totalité par trois composantes qui interagissent en permanence : des émotions, des comportements et des pensées.

➤ *De bonnes pensées…*

Supposons que quelqu'un que vous aimez bien vous fasse un cadeau, vous allez vous dire (pensée) : « C'est sympa », vous allez être content (émotion) et vous allez ouvrir votre cadeau (comportement).

Ainsi, lorsque tout va bien, nous avons de bonnes pensées, nous ressentons des émotions agréables et nous montrons des comportements adéquats.

➤ … *et des mauvaises…*

Les choses sont cependant un peu plus compliquées.

Imaginez (si vous êtes une femme, cela vous sera facile) que vous mangiez un pain au chocolat. Cela vous fait plaisir, c'est certain, et vous vous dites quelque chose comme :

« La pâte est croustillante, le chocolat est fondu…

mais je vais prendre un kilo. »

Ainsi, vous avez deux tiers de bonnes pensées et un tiers de mauvaises pensées.

Et nous sommes tous ainsi faits, dans les situations du quotidien.

➤ … *indispensables à notre équilibre*

Dans les situations du quotidien, car nous pouvons vivre des situations avec 100 % de bonnes pensées ; ce seront des situations d'euphorie, d'enthousiasme, des moments de pur bonheur : la naissance de vos enfants, le jour de votre mariage, la réussite à un examen, la solution que vous cherchiez.

Mais ces situations ne peuvent constituer l'ensemble de notre vie : ce n'est ni équilibré ni cohérent.

Nous avons donc besoin de ce petit tiers de mauvaises pensées : c'est le contrepoids qui fait que nous ne sommes pas euphoriques en permanence, et c'est le garde-fou qui fait que nous ne mangeons pas dix pains au chocolat à la suite.

C'est donc le garant de notre équilibre.

… et d'émotions

Dans ces moments, nous sommes bien, ni trop ni trop peu : ce sont les petits bonheurs, les petites briques du quotidien.

➤ *Des petits bonheurs et des grands moments*

Les petits bonheurs représentent ainsi les moments les plus nombreux de notre vie, tous ceux qui constituent notre quotidien. Ce sont eux qui nous permettent de faire pencher la balance du bon côté, d'être bien.

Sans oublier d'accorder leur part aux grands moments, ceux à qui nombre de philosophes accordent leur attention. Ils donnent du piment, du goût à la vie, mais ils ne peuvent pas en être la quintessence.

L'harmonie repose alors sur le juste équilibre entre les deux : ne pas chercher à ne vivre que ces grands moments, ne pas occulter tous les petits bonheurs, mais avoir conscience de l'importance des deux.

➤ *Mais aussi des moments difficiles*

Soyons réalistes : les moments difficiles, négatifs, font partie de la vie. Vouloir les supprimer n'est, d'une part, pas possible, d'autre part, pas cohérent.

Il faut savoir les accepter, non pas passivement, mais en ayant conscience de notre capacité à y faire face, à les gérer et à les questionner pour éviter qu'ils ne se reproduisent trop ou trop souvent.

Intuitivement, nous savons tous que le bonheur est quelque chose d'un peu difficile à atteindre et, si nous y rêvons, nous n'y consacrons pas vraiment toute notre énergie.

Par contre, le bien-être ? Lui, nous sommes tous, ou presque, partants pour y lancer nos forces.

Au bien-être physique, que nous connaissons bien désormais, nous avons tous senti qu'il fallait ajouter le bien-être mental. Car nous savons que l'harmonie passe par le corps et l'esprit.

Mais si la plupart d'entre nous font les efforts nécessaires pour être en bonne forme physique, à quelle fréquence pensons-nous à notre forme mentale ? Et savons-nous comment faire ?

• Le bien-être mental correspond à une vie avec des émotions, des bonnes et des moins bonnes, certaines intenses et d'autres moins.
• Avec globalement plus de bons moments que de mauvais.
• Des moments d'intensité variable, pas trop élevée la plupart du temps. Avec des pics d'euphorie et d'enthousiasme, mais aussi des moments d'abattement et de vague à l'âme.
• En résumé, ce que nous recherchons :
– Plus de bons moments ;
– Plus de bons moments d'intensité moyenne ;
– Moins de bons moments de forte intensité ;
– Moins de mauvais moments.

CHAPITRE 2

Sur la voie du juste milieu

Une vie équilibrée est celle qui comporte aussi bien des bons moments que des moins bons, en moindre proportion.
En ce sens, toutes les attitudes extrêmes sont à proscrire au profit de manières d'être plus posées.

Le juste milieu consiste à ne pas tomber dans un excès.

Ne rien s'interdire, mais rester dans de justes proportions.

Ne pas bannir les mauvaises pensées ni les émotions négatives.

Ne pas tomber dans des croyances schématiques et non réfléchies.

Rester dans l'équilibre et la voie du milieu.

Le milieu est équilibre, l'extrême déséquilibre

De même que l'équilibre alimentaire consiste à manger de tout sans rien s'interdire, de manière appropriée, l'équilibre psychologique consiste à ne pas tomber dans un extrême.

En effet, tout excès, dans un sens ou dans un autre, revient à dire que vous êtes la proie d'erreurs de raisonnement.

➤ *Des pensées de la même couleur que nos émotions*

Imaginez que vous arriviez au bureau un matin et que votre chef ne vous dise pas bonjour. Si vous avez tendance à être stressé ou anxieux, vont peut-être vous venir à l'esprit des pensées du genre : « Il n'a pas apprécié mon boulot d'hier », « Il veut me virer ». Quelqu'un, un jour, m'a même dit : « S'il ne me dit pas bonjour, c'est qu'il me hait » ! Sans aller jusqu'à cette extrémité, très douloureuse vous en conviendrez, vous pouvez tout simplement vous dire aussi « quel malotru », ce qui est moins catégorique, mais tout de même peu agréable.

Dans ces moments, lorsque vous êtes la proie de vos émotions négatives, vous ne réfléchissez plus, et c'est le scénario « catastrophe » qui va primer, occuper toutes vos pensées, et occulter celles que vous pourriez avoir en temps normal.

En effet, en dehors de tout contexte de plan social, quelle est la logique qui vous persuade que votre chef veut vous licencier ?

Pourquoi n'y aurait-il pas d'autres explications à son comportement que celle dirigée contre vous ?

Ne peut-on imaginer que sa femme l'a quitté, que son fils est à l'hôpital, qu'il a une indigestion ou une envie pressante, qu'il a oublié ses lunettes, qu'il vient de se prendre une engueulade par le P-DG, qu'il est dans ses pensées ?

Autant de pensées rationnelles, auxquelles vous pouvez croire, mais auxquelles vous n'avez pas accès dans les moments d'émotions extrêmes.

En effet, nous avons vu que nos émotions sont reliées à nos pensées, même si nous ne les percevons pas forcément car nous n'y prêtons pas attention. Ces pensées sont toujours de la même couleur que l'émotion. Alors que pour les « bonnes » situations, nos émotions sont reliées à de bonnes pensées, dans les « mauvaises » situations, elles sont reliées à des pensées négatives.

Comme les deux s'influencent mutuellement, si nous sommes mal à l'aise du fait d'émotions désagréables, nous fabriquons alors de mauvaises pensées qui nous font nous sentir encore plus mal…

C'est alors le scénario catastrophe, et, dans ces moments-là, nous n'avons pas accès à des pensées rationnelles et objectives, car nous interprétons la réalité dans le sens de nos émotions : un filtre s'est surimposé (comme pour un appareil photo), qui nous fait voir le monde à travers lui.

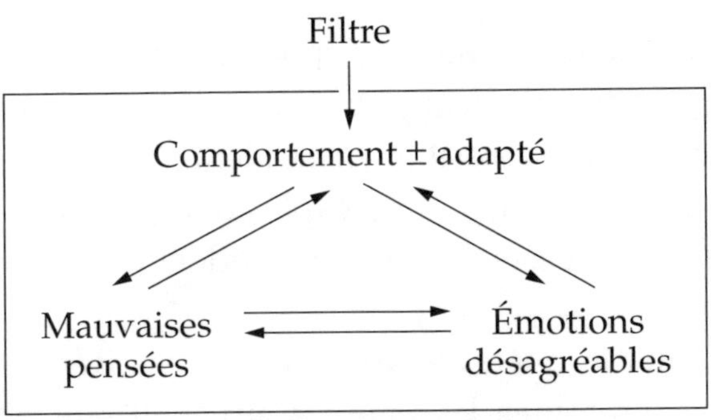

➤ *Des pensées rationnelles et crédibles*

Pour sortir de ce cercle vicieux, l'idée n'est pas de supprimer les mauvaises pensées qui vous viennent, mais de ne pas les privilégier au détriment d'autres finalement tout aussi rationnelles et logiques, sinon plus.

Essayez de vous poser la question et de chercher une situation similaire qui vous soit arrivée.

Une amie à qui vous laissez un message et qui ne vous rappelle pas. Qu'est-ce que ça vous évoque ? Qu'elle est fâchée, qu'elle vous en veut, sans que vous sachiez pourquoi. Et puis, un jour, vous la rencontrez et elle vous dit un truc du genre : « J'étais vraiment embêtée, tu me laissais des messages, mais sans me laisser ton numéro, et je ne pouvais pas remettre la main dessus ! Je suis bien contente de te retrouver. »

Lorsque vous êtes en proie à vos émotions, ne cherchez pas à réfléchir logiquement, mais laissez passer un peu de temps pour laisser tomber la pression, et là, posez-vous la question : « Qu'est-ce que je pourrais penser d'autre ? », « Qu'est-ce que je dirais à une amie qui me raconterait ce que je viens de vivre ? », et cherchez ce que nous appelons les pensées alternatives.

Et, si vous aviez l'explication après coup, vous vous rendriez compte que, neuf fois sur dix, pour ne pas dire plus, votre hypothèse négative ne tient pas, qu'il y a une autre explication.

Il est également possible que, même en y réfléchissant, vous ne trouviez pas la bonne explication : vous ne savez pas quelle est la vie exacte de votre interlocuteur, quel est son état d'esprit…

Aussi, dans la quête des pensées alternatives, j'aime bien ajouter : « Plus toutes les pensées auxquelles je ne penserai jamais, car je ne suis pas dans la tête de l'autre. »

Tolérance vaut mieux qu'intransigeance

Dire qu'il existe une autre explication ne veut pas dire qu'il faille justifier tous les actes commis par les autres.

Il s'agit d'arriver à prendre du recul par rapport à la situation et ne pas prendre tout comme étant dirigé contre soi.

En effet, nous avons vu que chaque événement, chaque situation se caractérise par des émotions, des attitudes et des pensées.

Cela veut dire que lorsque vous n'allez pas très bien, c'est-à-dire que vous ressentez une émotion négative, vous allez avoir des attitudes, des comportements plus ou moins adaptés et n'avoir que des mauvaises pensées.

Et cela vaut pour tout le monde.

Supposons que votre bras vous fasse mal, et que vous vous fassiez bousculer dans le métro. Cela ravive votre douleur, et votre réaction est de crier : « Non mais, vous ne pouvez pas faire attention ! »

Dans le fond, la personne qui vous a bousculé n'est pas malintentionnée, et ce qui vous fait mal réagir est la douleur que vous ressentez en permanence. C'est elle, et elle seule, qui vous pousse à réagir de la sorte, ce n'est ni de la méchanceté de votre part ni du machiavélisme.

La même chose se produit avec nos émotions : c'est la douleur que nous ressentons qui nous incite à réagir de manière inappropriée.

Aussi dites-vous bien que si quelqu'un vous agresse verbalement, réagit de travers à vos propos, alors même que votre attitude est neutre, c'est bien que la personne est, à ce moment-là, en proie à des émotions négatives, et que sa réaction n'est pas contre vous, mais bien par rapport à elle. Vous êtes juste au mauvais endroit au mauvais moment.

Encore une fois, cela n'excuse ni ne justifie ces comportements. Cela vous permet simplement de les vivre moins mal et de ne pas mal réagir à votre tour.

Le contraire de la perfection n'est pas l'imperfection

Envers soi, l'inverse de la perfection devient de la minutie, envers les autres, de l'indulgence.

➤ *Minutie*

La perfection est toute relative. Ce qui est parfait pour soi ne l'est pas forcément pour les autres, car ils n'accordent pas la même importance aux mêmes valeurs que vous.

C'est ainsi qu'un monsieur me racontait comment il avait rédigé un rapport pour son patron. Il travaillait dans le contrôle qualité, dans un domaine technique, pointu et minutieux, et avait écrit son compte rendu en choisissant son vocabulaire le plus parfaitement possible : chaque mot était pesé, et il ne pouvait en trouver un meilleur.

Sauf que lorsque son P-DG a lu le dossier, il a fait venir ce monsieur dans son bureau et lui a demandé de recommencer, car le vocabulaire était trop technique pour lui et pour le comité de direction qui devait également le lire.

La perfection se doit donc d'être adaptée aux besoins et à l'« utilisateur final ». Elle devient alors une qualité et se transforme en minutie.

➤ *Indulgence*

La perfection envers les autres se traduit souvent par le sentiment intransigeant qu'on a raison et que les autres ont tort.

Repensez les choses en gardant présent à l'esprit le lien entre pensées, émotions et comportements, et dites-vous que les attitudes que vous n'appréciez pas chez les autres sont bel et bien le reflet de leur souffrance intérieure. Sans tout justifier, cela vous donne un éclairage nouveau et vous permet de développer de l'indulgence à leur égard.

Si vous tombez dans des jugements rapides, c'est que vous avez perdu le juste milieu. Cela se traduit alors par des erreurs de raisonnement (la mise en place du « filtre », comme nous l'avons vu) et se concrétise en des termes absolus : « Il faut, je dois, toujours, jamais… » Dès que vous raisonnez en ces termes, dites-vous que vous n'êtes plus dans la logique mais dans la recherche d'une perfection, que vous avez fixé la barre trop haut ; essayez alors de vous repositionner. Soyez indulgent envers vous et, au lieu de vous en vouloir, apprenez à tirer parti de vos erreurs : elles sont indispensables et vous permettent de progresser.

Faire des erreurs pour ne plus en faire

« Errare humanum est, perseverare diabolicum. »

Nous savons depuis la nuit des temps que les erreurs sont indispensables. Pourtant, cela reste à l'état de maxime, dont peu prennent la mesure. Alors que c'est l'un des modes d'apprentissage les plus fondamentaux.

Le premier type d'apprentissage est l'imitation. Imitation d'un modèle en qui l'on puisse croire : les parents, les enseignants, les figures emblématiques tels les héros de bandes dessinées, de roman ou de cinéma...

Le deuxième est l'apprentissage formel, scolaire, tel qu'il se déroule à l'école.

Le troisième, et le plus important à mon sens, est l'apprentissage par essais-erreurs, que l'on peut également appeler l'expérience.

Le nouveau-né l'utilise tous les jours dès sa venue au monde.

Nous faisons un essai, nous nous rendons compte que ce n'est pas approprié, et recherchons une autre solution, jusqu'à ce que l'objectif soit atteint. C'est ce qui se passe lorsqu'un nourrisson essaie par exemple de marcher : il met son poids d'un côté, tombe, le met de l'autre, bascule... jusqu'à ce qu'il réussisse à équilibrer son centre de gravité, et qu'il marche.

Cela revient à dire que nous ne pouvons avancer qu'en tirant parti de nos erreurs. Ou que nos erreurs sont fondamentales, car elles sont le signe que nous essayons de progresser, que nous expérimentons de nouvelles choses, et que nous ne restons pas figés.

Elles sont donc fondamentales, à condition de ne pas s'arrêter là, et d'en tirer les conséquences, les leçons, afin d'éviter de les reproduire et de nous permettre d'évoluer.

À l'inverse, quelqu'un qui ne commettrait jamais aucune erreur serait figé dans ses positions et ne se remettrait pas en question.

J'ai souvent rencontré des managers, des chefs d'entreprise qui me disaient, parlant de leurs collaborateurs : « Qu'il fasse une erreur, pas de souci. Une deuxième fois, passe encore.

Mais s'il la reproduit une troisième fois, c'est qu'il y a un problème ! »

On ne peut en vouloir à personne de faire une erreur, à la condition, encore une fois, qu'il en tire les leçons adéquates pour ne pas la reproduire.

- Les attitudes et les pensées extrêmes provoquent souvent un déséquilibre. La voie du milieu est la plus confortable.
- Lorsque les autres ont des attitudes blessantes, leur moteur est souvent une souffrance interne. Le comprendre permet de développer de la tolérance à leur égard.
- La perfection est fonction du contexte et ne conduit pas nécessairement à l'efficacité. Soyez indulgent envers vous-même et transformez votre perfection en minutie.
- Les erreurs sont un moteur d'apprentissage fondamental, à partir du moment où vous en tirez le bilan et faites alors tout pour ne pas les réitérer.

Ne vous dévalorisez pas du fait de votre erreur, mais prenez-en acte, et mettez tout en œuvre pour qu'elle ne se reproduise plus.

L'émotion négative que vous ressentez dans cette circonstance est le signal qui vous indique que quelque chose ne va pas. En ce sens les émotions négatives sont fondamentales, si nous les transformons en indicateur de prise de conscience pour nous permettre de progresser.

CHAPITRE 3

Les émotions négatives un tremplin pour avancer

Qu'il s'agisse de peur, de tristesse, de culpabilité ou de colère, les émotions négatives jouent un rôle important dans notre équilibre.
Les supprimer ne serait ni possible ni cohérent.

« Aïe », dites-vous lorsque vous vous piquez un doigt. La douleur vous fait réagir et vous incite à vous éloigner du danger. Si vous ne ressentiez rien, vous ne seriez pas capable de réagir et de préserver votre intégrité physique.

De même que la douleur physique, la douleur mentale joue le rôle de sonnette d'alarme en nous prévenant qu'il nous faut intervenir.

Des moments de grande émotion

L'émotion négative est le point d'entrée qui nous dit que quelque chose que nous venons de vivre ne va pas, ne nous convient pas ou ne nous satisfait pas.

En ce sens, il faut l'accepter comme étant indispensable.

➤ *La tristesse*

Nous sommes tristes lorsque nous avons perdu quelque chose auquel nous tenions. C'est bien le signe de l'attachement que nous éprouvions.

Ainsi, nous ne pouvons éprouver de tristesse à la perte de quelqu'un de cher, si nous ne l'aimions pas.

Sans tristesse, nous serions indifférents au monde et aux gens qui nous entourent.

➤ *La colère*

Personne n'aime ressentir de la colère, ne serait-ce que par les aspects physiques qu'elle génère.

Oui, mais imaginez que vous demandiez gentiment un truc une fois. Il ne se passe rien. Vous demandez gentiment une deuxième fois. Rien. Une troisième. Toujours rien. Là, vous vous mettez en colère, et vous obtenez satisfaction.

La colère est donc le moyen d'obtenir ce dont vous avez besoin, lorsque rien d'autre n'a fonctionné.

C'est particulièrement efficace, à condition que vous ne vous mettiez ni trop souvent en colère ni jamais. Car alors vos colères peuvent devenir d'une violence telle qu'elles vous effraient vous-même.

Le plus confortable, ou le moins inconfortable, est de choisir de vous mettre en colère, et donc de présenter une colère feinte. Votre interlocuteur n'en sait rien, et vous… vous n'en ressentez pas les désagréments physiques.

➤ *La peur, l'angoisse, l'anxiété et le stress*

Quatre volets de différentes intensités d'un même domaine, celui de la peur.

La peur est ce qui vous fait mobiliser vos ressources pour faire face à un danger.

Imaginez que vous voyiez un enfant sur la route, qu'un camion perde le contrôle et se dirige droit vers lui. Sans aucun stress, vous vous diriez que l'enfant s'en sortira bien.

Avec stress, vous sortez de vous-même et êtes capable d'aller le sauver.

Il n'est d'ailleurs pas rare que des personnes ayant vécu un gros stress aient réalisé des actions qu'elles ne se seraient jamais cru capables de faire.

C'est le cas de ce monsieur qui me raconte qu'il a été réveillé en pleine nuit par du bruit. Il se lève et se rend compte qu'un cambrioleur armé se trouve à l'intérieur de sa maison. Sans réfléchir, il arrive à descendre dans son garage et à se faufiler par un petit vasistas pour sortir. Une fois dehors, il a pu alerter les secours. Lorsque je lui demande si cela faisait partie d'un plan mûrement réfléchi, c'est-à-dire s'il avait, un jour, anticipé l'idée qu'il risquait d'être cambriolé, il m'a répondu que non, qu'il avait même oublié jusqu'à l'existence de ce vasistas, qui d'ailleurs était caché derrière une pile de fourbi, et qu'il avait été le premier surpris d'avoir eu cette idée-là.

Sans stress, un étudiant arriverait à son examen sans l'avoir révisé et il aurait toutes les chances de le rater. Avec stress (ni trop ni trop peu), il sera capable de ne pas être en retard, de sortir le meilleur de lui, de trouver la bonne réponse…

Le stress, l'anxiété, la peur, dans une bonne proportion, sont des moteurs puissants pour nous faire trouver des solutions.

➤ *La honte, la culpabilité*

Honte et culpabilité sont deux émotions particulièrement douloureuses.

Plus que les autres, elles sont vraiment le signe que quelque chose que nous avons fait ne nous convient pas, n'entre pas dans nos valeurs, que nous avons agi à leur encontre.

Ce sont ainsi des leviers nous permettant de nous remettre en question et de ne pas reproduire l'action, ou le même genre d'actions, que nous venons de commettre.

Lorsqu'une attitude que vous avez eue vous fait honte, vous pouvez être sûr que jamais plus vous ne reproduirez la même.

Quant à la culpabilité, soit vous pouvez réparer l'action qui vous déplaît, soit, à nouveau, vous ne la réitérerez plus.

Ponctuellement, chaque émotion négative est ainsi un levier pour nous aider à avancer.

Les choses sont un peu différentes lorsque nous les ressentons trop intensément, trop souvent ou trop longtemps.

Des émotions qui durent

Vécues sur la durée, les émotions négatives prennent alors un sens plus général. Elles restent le signe que quelque chose ne va pas. Mais alors, de manière un peu plus radicale. Que votre vie ne vous correspond plus, ne vous convient pas et qu'il faut la remettre à plat.

Ou que la perception que vous en avez est erronée.

Le signe que quelque chose ne va pas et qu'il faut y réfléchir.

C'est l'image du vieux costume qui gêne aux entournures et qu'il faut changer.

Vous enfilez un vêtement que vous aimiez bien, et vous vous rendez compte qu'il est étriqué, élimé, et que vous n'êtes plus tellement à l'aise. Vous le rangez, en mettez un autre, puis, quelques jours plus tard, le réessayez. À nouveau, vous êtes gêné.

À la longue, vous finissez par le remiser et en achetez un nouveau qui correspond mieux à la personne que vous êtes devenue depuis que vous aviez acheté le précédent : car vous avez évolué, vos goûts ont changé, et les modes se sont modifiées.

De même, vous évoluez en permanence, votre caractère se modifie, vos goûts s'affinent, se précisent, et votre personnalité, si elle garde des points communs bien sûr avec ce que vous étiez, évolue également.

Sauf que nous restons plus facilement sur les idées que nous avons définies quelques années plus tôt, voire pour certains lorsque nous étions enfants.

C'est le cas de ce monsieur, d'une trentaine d'années, qui vient me voir pour des insomnies. Et qui m'explique qu'il est insomniaque car il ne dort que sept heures environ, alors qu'il sait que son temps de sommeil doit être de neuf heures.

Il était resté sur l'idée que chaque personne doit dormir neuf heures, car c'est ce qu'il avait appris étant enfant. Il faisait ainsi abstraction de ce qu'il était devenu et de ce qu'étaient ses besoins aujourd'hui, à savoir sept heures de sommeil.

Cet exemple peut paraître caricatural, mais je trouve qu'il est assez parlant.

Restant sur l'idée de nous-mêmes quelques années, ou mois, plus tôt, nous ne voyons pas facilement la nouvelle personne que nous sommes devenus.

Il est exact que c'est particulièrement difficile, car nous sommes, tous, en perpétuelle évolution, et que nous ne nous remettons pas en permanence en question.

C'est là qu'interviennent les émotions négatives : lorsque le décalage entre votre vie, vos attitudes et vos comportements et la personne que vous êtes aujourd'hui est devenu trop grand.

Votre vie telle que vous la vivez correspond aux aspirations que vous aviez lorsque vous l'avez construite. Qui ne sont plus obligatoirement les vôtres maintenant.

Alors vos émotions viennent vous « prévenir » que votre costume n'est plus à votre taille.

C'est donc le moment de faire le point et de mettre votre vie à plat, soit pour changer la manière dont vous la vivez, soit pour la réorienter. Nous verrons concrètement comment faire dans la deuxième partie.

Une erreur, souvent commise, consiste à vouloir contrôler nos émotions désagréables pour faire en sorte de ne jamais les ressentir. Comme ce n'est pas possible, cela conduit au contraire à les vivre de manière plus intense.

La solution est alors de les gérer et non pas de vouloir les éradiquer.

- Les émotions négatives, si douloureuses soient-elles, sont utiles.
- Elles sont le révélateur qui nous permet de nous remettre en question, d'évoluer et de faire tout ce qui est en notre pouvoir pour ne plus vivre des situations analogues.
- Sur la durée, elles nous signalent qu'il est temps de mettre notre vie à plat et de nous poser des questions par rapport à nos envies et nos valeurs.

CHAPITRE 4

Acquérir contrôle, maîtrise et gestion

Contrôler sa vie pour en éradiquer tout moment négatif et la maîtriser pour ne rien ressentir de négatif ne permet pas de faire face à ce qui se présente. Par contre, gérer est ce qui permet d'avancer.

La maîtrise de soi implique de se contrôler, de contrôler ses émotions et de ne pas leur laisser de prise.

Mais, sans émotions négatives, pas d'émotions positives non plus.

Pas de tristesse sans joie, sans amour et sans plaisir, pas de déception sans amitié…

La question est ainsi posée de savoir si vous voulez éradiquer toutes vos émotions, ou seulement les émotions négatives.

Si vous ne pensez qu'à ces dernières, alors c'est possible, mais vous « tomberez » dans une vie neutre, édulcorée, fade et insipide, car vous en aurez également banni tout ce qui en fait la saveur, la joie, l'enthousiasme, le bonheur…

La clef réside ainsi non pas dans la disparition des émotions négatives, mais dans leur acceptation, dans une bonne proportion, et dans leur gestion.

Car l'inverse conduit immanquablement à l'excès.

On ne doit pas tout prévoir

« Je ne contrôle plus rien », « J'ai peur de perdre le contrôle » sont des phrases que j'entends souvent, trop souvent d'ailleurs. Car à force de vouloir tout contrôler, on perd… le contrôle.

Contrôler implique que vous êtes capable de tout prévoir, de tout anticiper, de tout connaître et d'avoir toutes les bonnes réponses.

Formulé ainsi, il est évident que c'est impossible. La volonté de tout contrôler est donc source de stress et de tension.

Je reçois souvent des personnes présentant des attaques de panique, des crises d'angoisse. Ce sont des moments extêmement douloureux pendant lesquels la peur monte et atteint un paroxysme effrayant[1].

S'il est à peu près certain que chacun d'entre nous fera au moins une crise d'angoisse dans sa vie, pour la plupart cela ne restera qu'un événement isolé, conjoncturel.

Chez d'autres, cela deviendra chronique.

L'une des différences tient au fait que ces personnes cherchent à se contrôler en permanence, pour ne plus jamais revivre ce qui leur a fait si peur.

1. Je ne donnerai malheureusement pas ici les solutions pour se débarrasser des attaques de panique. Nous sortirions du cadre de ce livre pour en parler plus à fond. Mais les solutions existent et, sans minimiser ce que peuvent ressentir ces personnes, il n'est pas très compliqué de s'en débarrasser.

Se contrôler à chaque instant implique de s'auto-observer afin de déceler les moindres signes de démarrage de l'attaque de panique, afin de pouvoir la maîtriser le cas échéant.

Or la panique est un des volets de la peur, comme le stress, la pression ou la tension. Les différences tiennent, entre autres, à l'intensité de l'émotion.

Stress, peur, tension, panique, pression, angoisse : même concept, donc mêmes symptômes, mais degrés divers.

Refuser les symptômes de l'attaque de panique, ceux qui en sont à l'origine, revient à refuser ceux du stress par exemple, qui, par définition, sont d'une intensité moindre que ceux de la panique et, par conséquent, sont les mêmes que ceux ressentis au tout début d'une attaque de panique...

Le cercle est ainsi bouclé : plus ces personnes essaient de contrôler, plus elles s'interdisent la moindre manifestation d'anxiété, moins elles ont le droit d'être stressées, plus elles le sont, plus elles provoquent les manifestations d'angoisse, moins elles contrôlent et plus elles font de crises.

Par contre, en leur donnant les bons outils, elles deviennent capables de gérer les crises, de les arrêter si elles surviennent. Elles en ont moins peur et acceptent alors de lâcher prise.

Plus que le contrôle et la maîtrise, le concept approprié est plutôt la « gestion », qui montre que vous acceptez les aléas et que vous avez les capacités de réagir efficacement.

Bien gérer une situation nécessite d'avoir conscience que tout n'est pas prévisible, pas plus les gens que les événements, et qu'il y aura toujours une part d'imprévu, de nouveauté et de circonstances exceptionnelles dans votre vie. C'est ce qui en fait la richesse.

La conséquence est qu'il y aura régulièrement des situations que nous découvrirons, auxquelles nous ne saurons pas très bien faire face, et dans lesquelles nous serons pris au dépourvu.

Ce qui n'est pas si embêtant que cela, tant que nous atteignons notre objectif.

On doit définir ses objectifs

Toute situation donnée peut se décrire de deux façons : en termes de résultat et en termes de sentiments ; le côté rationnel et matériel, le côté émotionnel.

On peut séparer artificiellement car les deux sont liés, l'objectif de la situation et ce que vous ressentez.

En règle générale, le but du jeu est atteint.

C'est-à-dire en faisant abstraction, encore une fois de manière artificielle, de ce que nous pouvons ressentir.

Le but du jeu, en somme, est d'aller d'un point A à un point B, et ce, quel que soit le chemin que vous preniez : le chemin des écoliers, en faisant une étape, en allant directement, et le plus vite possible. Quoi qu'il en soit, vous finirez par arriver.

Par exemple, le but du jeu à l'école est de passer dans la classe suivante. Pour cela, il suffit d'avoir (en théorie du moins) 10/20. Alors, l'objectif est atteint.

Oui, mais.

Oui, mais ce n'est pas satisfaisant.

Oui, mais ce n'est pas suffisant.

Oui, mais avez-vous atteint votre objectif ?

D'expérience, je peux vous dire que l'objectif (défini ainsi, c'est-à-dire purement matériel, et sans connotation de valeur) est atteint dans la plupart des cas.

Sauf que s'y mêle une entrave : les fameux « oui, mais ».

Je dois arriver, le plus vite possible.

Je dois passer dans la classe supérieure avec les meilleures notes possibles.

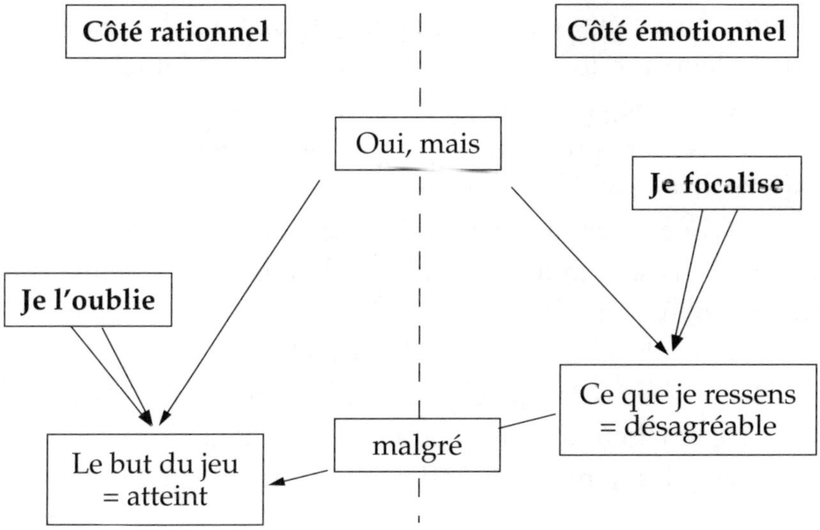

Pour être complet, il faut donc ajouter à l'objectif ce que nous ressentons : le qualificatif.

Souvent, ce que nous ressentons est, au minimum, désagréable.

Nous sommes d'accord que dans la réalité les deux se mélangent. Sauf que nous focalisons sur ce que nous ressentons, ce qui est très normal, mais, ce faisant, nous en perdons alors l'objectif de vue.

Et si je vous demande comment s'est déroulée telle ou telle situation, vous allez me répondre très mal, en ne me décrivant que le côté émotionnel.

Tel ce monsieur qui devait négocier un contrat autour d'une table de déjeuner, et qui me disait : « Vous savez, je n'y arriverai jamais. Car si on me demande de passer le sel, je vais trembler comme une feuille, et si je ne m'exécute pas, je vais passer pour une andouille ou un malpoli. »

Lorsque je le revois après son rendez-vous, je lui demande comment ça a été. « Épouvantable. J'ai tremblé du début à la fin. Tellement que je n'arrivais pas à porter ma fourchette à la bouche, et que j'étais obligé de la reposer. »

Nous sommes tous d'accord que, décrite ainsi, la situation est effectivement épouvantable.

Sauf que… en lui posant la question : « Et alors, votre contrat, vos sept millions d'euros », la réponse est venue, sur un air d'incompréhension (comment pouvais-je même en parler) : « Oh, ils sont dans ma poche ! »

Alors, je ne sais pas ce qu'il en est pour vous, mais s'il m'arrive un jour d'avoir sept millions à donner, je ne crois pas que je les donnerai à quelqu'un qui tremble tant que c'en est inquiétant…

Prenez ainsi conscience que, dans la majorité des cas, même si ce n'est pas ce que vous avez ressenti, et malgré les difficultés que vous avez rencontrées, le temps que cela vous a pris, l'énergie que cela vous a demandé, vous avez atteint votre objectif.

Alors, ayant atteint votre objectif vous pourrez considérer le chemin parcouru, vous remettre efficacement en question et profiter du chemin que vous suivez.

Définir l'objectif de chaque situation est fondamental afin de ne pas se laisser envahir par les émotions et par les jugements de valeur pas toujours appropriés.

Ce faisant, vous choisissez alors le chemin que vous voulez suivre et vous ne le subissez plus.

- La clef est de gérer et de ne pas chercher à tout contrôler.
- C'est ce que vous faites la plupart du temps.
- Vous n'en avez pas conscience car vous vous focalisez sur ce que vous ressentez.
- Forcez-vous à prendre conscience de l'objectif de chaque situation et vous verrez que vous l'atteignez le plus souvent.

CHAPITRE 5

Choisir pour ne plus subir

Il existe une énorme différence entre subir, et avoir le sentiment que votre vie vous échappe, et en être acteur.
En être acteur et décider de progresser et de vous améliorer, pour ensuite en profiter pleinement.

Choisir en connaissance de cause, en fonction de vous, des autres, de vos aspirations et du contexte, peut revenir à faire les mêmes choses, mais avec une nouvelle manière de les appréhender, sans les subir, et en les appréciant.

Savoir être constructif

Tout ne s'arrête pas une fois que vous avez atteint votre objectif.

Vous avez recadré les choses, en mettant les « oui, mais » de côté, mais vous n'en restez pas moins insatisfait.

Car vous savez que vous pouvez mieux faire : avoir de meilleures notes, aller plus vite, être plus efficace, faire une plus belle présentation, mieux réussir votre recette…

À partir du moment où vous savez que vous avez atteint votre but, là, vous pouvez chercher à vous améliorer, parce que vous en avez envie, parce que vous savez que vous en avez les capacités. Tout en vous définissant une ligne de progression réaliste et que vous pouvez atteindre.

Il n'est pas cohérent de chercher à avoir 20/20 en permanence. Car si vous n'y parvenez pas, ce qui risque bien de se produire, alors vous serez forcément déçu.

C'était le cas de cet adolescent que je recevais et qui me disait qu'il était nul car il n'avait eu « que » 18/20. Évidemment, il savait qu'il était capable d'avoir 20/20, mais, ce faisant, il plaçait la barre beaucoup trop haut et en oubliait la réalité.

Il ne focalisait que sur l'objectif immédiat et ne pouvait plus profiter de ses réussites.

Il est beaucoup plus constructif de prendre conscience de l'objectif de base (avoir 10/20 pour passer dans la classe suivante), de se féliciter de l'avoir atteint, et de se donner les moyens de progresser.

Alors seulement il devient possible de profiter pleinement du chemin qui passe, de ses aboutissements et de ses réussites, les uns après les autres.

Profiter du temps qui passe

Une maxime bouddhiste dit en substance que nous devons profiter du chemin et ne pas nous disperser.

Le résultat en est la parabole du bonheur qui circule régulièrement sur Internet : « Enfant, vous voulez devenir adulte. Adulte, vous voulez vous marier, avoir des enfants. Lorsqu'ils sont là, vous rêvez d'être à la retraite et qu'ils partent pour avoir du temps libre. Une fois à la retraite, vous vous ennuyez. »

Cela nous dit que le bonheur n'est pas l'objectif, mais bien le chemin.

Un chemin constitué de pierres que nous disposons les unes à côté des autres et qui nous font avancer.

Ces pierres sont les réussites que nous avons obtenues jusqu'à présent. Aussi retournez-vous sur votre histoire et faites le point sur tout ce que vous avez accompli depuis que vous êtes né : vous verrez que, bon an, mal an, vous atteignez vos buts.

En prendre conscience vous donne confiance en vous, en votre capacité à gérer et à faire face.

Mais plus encore qu'une accumulation de réussites, vous savourerez le moment qui passe, lorsque vous saurez que vous atteindrez votre objectif. Quel qu'il soit.

Savoir rebondir

Pour arriver à cela, il vous faut avoir conscience de vos qualités, de vos défauts, de vos atouts. Mais plus encore de ce que j'appelle les « compétences supérieures », ces compétences, ces qualités qui vous permettent de vous adapter, de rebondir, de faire face, de savoir que, quoi qu'il arrive, vous saurez toujours retomber sur vos pieds.

C'est, au final, ce qui donne une confiance inébranlable.

Si vous regardez derrière vous, votre histoire, les événements qui constituent votre vie, vous verrez que vous avez toujours su rebondir. Vous ne seriez pas où vous êtes aujourd'hui si ça n'avait pas été le cas.

Prenez conscience également que vous savez gérer votre vie, que vous acceptez de ne pas en contrôler chacun des instants, que vous acceptez qu'il y ait des bons moments mais aussi des moins bons, et que, quoi qu'il arrive, vous saurez vous débrouiller et continuer votre chemin. Que les soucis que vous vivez aujourd'hui seront oubliés dans dix ans, dans vingt ans, dans cinquante ans.

Car vous avez décidé de prendre le taureau par les cornes, de mettre tout en œuvre pour que cette vie soit celle que vous avez choisie, la vôtre, et que vous ne la subissiez plus.

Il ne s'agit pas non plus de tomber dans l'excès inverse et de laisser les choses aller à vau-l'eau. D'avoir confiance en vous, certes, en étant acteur, et pas au point d'oublier d'être prévoyant lorsque cela est possible afin d'éviter les écueils sur le chemin.

Être prévoyant

Pour anticiper et rendre le chemin le plus agréable possible.

Anticiper dans le bon sens, et ne pas s'inquiéter inutilement.

C'est encore une fois l'art de la mesure, celui du juste milieu.

À cette femme qui me disait que ses amis la prenaient pour une angoissée chronique parce qu'elle prévoyait d'emporter des médicaments en vacances, je réponds que tout dépend du contexte.

Si elle part en Italie et qu'elle emporte deux kilos de médicaments, là, effectivement ce n'est pas approprié (sauf si elle a une pathologie qui le justifie), car même si ce n'est pas facile d'aller expliquer dans une autre langue ce que vous ressentez, c'est faisable, et cela risque peu de se produire.

Si maintenant elle me dit qu'elle part pour le fin fond de l'Afrique, là, je lui dirai que c'est tout à fait approprié. Que, certes, il y a également peu de risques qu'un pépin lui arrive, mais qu'il vaut mieux être prévoyant, car là-bas elle n'aura pas de médecin sous la main, et que c'est elle qui servira d'infirmière aux autres voyageurs.

Que nous dit cet exemple ?

Qu'il faut effectivement anticiper le pire, pas dans un absolu (« Ça ne va pas aller »), mais étape par étape, point par point, en anticipant les stratégies ou les réponses que vous pouvez faire alors.

Que craignez-vous qu'il arrive ? Et vous prévoyez votre réponse.

Et ensuite ? Et vous prévoyez encore votre réponse.

Et caetera, et caetera, et caetera.

En règle générale, le pire ne se produit jamais. Pas plus que son opposé, votre idéal. La réalité se trouve quelque part entre les deux. La seule chose qui puisse arriver, c'est un des morceaux du pire.

Mais, comme vous l'avez prévu et anticipé, vous n'êtes pas pris au dépourvu, vous savez comment réagir, et ce n'est plus « si pire ».

Choisir votre vie donc. La prendre en main.

Accepter que tout ne soit pas toujours rose.

Qu'il y aura de bons moments et de moins bons.

Que vous saurez faire face et vous retourner.

Pour profiter du chemin.

Un chemin sur lequel vous n'êtes ni seul ni solitaire. Pour lequel vous avez à prendre en compte les autres, leurs différences, leurs difficultés, sans vous oublier ni oublier ce qui est important pour vous.

Un chemin dont vous ne savez pas où il vous mène, mais dont vous savez qu'il vous emmène dans la direction qui est la vôtre, la bonne donc.

Avoir défini sa direction est fondamental. Pouvoir la suivre se fait dans le contexte dans lequel vous vivez, d'une époque, d'une société, de personnes.

- Choisir d'être acteur de votre vie pour avancer et ne plus subir passivement.
- Être constructif pour s'en donner les moyens.
- Profiter du temps qui passe et ne pas vivre dans l'avenir ni dans le passé.
- Savoir rebondir, faire face, vous adapter, comme vous l'avez fait la plupart du temps.
- Être prévoyant pour ne pas être pris au dépourvu, sans tomber dans l'excès.

CHAPITRE 6

Gagner en autonomie et en indépendance

Les autres sont omniprésents dans la société d'« animaux sociaux » que nous sommes. Ce qui nécessite d'en faire abstraction, tout en en tenant compte, en s'oubliant, sans s'oublier.

Régulièrement, les gens que je reçois me disent qu'ils veulent être indépendants. Ce à quoi je leur réponds avec humour que, sauf à aller sur une île déserte, je ne vois pas très bien comment ils pourraient l'être dans un monde peuplé de nos semblables et dans lequel, par définition, nous dépendons les uns des autres.

Être dépendant en étant indépendant

Être indépendant signifie « ne dépendre d'aucune autorité, n'avoir de rapports avec aucune autre chose[1] ».

1. *Petit Larousse.*

Sans entrer dans des considérations philosophiques, ne dépendre de rien ni de personne n'est pas possible. Le rechercher ne peut qu'être source de frustration et de désappointement.

➤ *Autonomie*

Par contre, l'autonomie, qui est la « possibilité de décider sans en référer au pouvoir central, à la hiérarchie, à une autorité[1] », reflète bien ce à quoi il est possible de prétendre.

C'est reconnaître implicitement qu'il existe des personnes, autorités, hiérarchie ou administration dont nous dépendons, mais par rapport auxquelles nous avons une liberté, une marge de manœuvre.

Que nous sommes donc dépendants dans une certaine mesure, et que cette dépendance est le garant du respect que les autres nous portent.

C'est également la contrepartie qui fait que nous pouvons nous lier d'amour ou d'amitié : heureusement que nous dépendons (dans une certaine mesure) de la ou des personnes à qui l'on tient. L'inverse prouverait que nous ne tenons à personne.

Pour la plupart, nous sommes tous à peu près autonomes : c'est-à-dire que nous gérons notre vie, que nous retombons sur nos pieds, non pas seuls, mais en accord avec ceux qui nous aiment et que nous aimons, et avec ceux qui nous entourent de près ou de loin.

➤ *Seul ou solitaire*

« De toute façon, on ne peut compter que sur soi-même. »

---

1. *Petit Larousse.*

« Au final, on est seul. »

« Les autres ne sont là que pour les bons moments. »

Si vous écoutez un peu autour de vous, vous entendrez ces phrases régulièrement. Mais n'avez-vous jamais eu d'accident ou de malaise dans la rue ?

Aussitôt moult personnes se précipitent pour vous porter secours, parfois même en mettant leur propre vie en péril. Preuve, s'il en est besoin, que nous ne sommes pas seuls.

Souvenez-vous d'un moment où vous avez été en difficulté :

- Il vous manque 10 centimes pour payer vos courses et la personne à côté de vous vous les donne.
- Vous êtes jeune conducteur et vous n'arrivez pas à faire votre premier créneau : le conducteur derrière vous sort de sa voiture et vous propose de garer votre voiture à votre place.
- Vous avez un accident et aussitôt nombre d'automobilistes s'arrêtent pour vous aider.
- Vous faites tomber un objet et un passant vous le ramasse.
- …

Solitaires si vous voulez : certains le sont plus que d'autres, qui n'estiment pas avoir assez d'amis.

Dites-vous cependant que parmi les gens que nous côtoyons tous ne sont pas des amis et n'ont pas vocation à le devenir.

Les gens nous deviennent en effet proches à divers degrés.

La famille, dont l'amour nous est inconditionnel. Elle est là, fait partie de notre vie, comme notre bras fait partie de nous. Nous l'oublions parfois, la malmenons souvent, mais elle n'en demeure pas moins là.

Les amis, les vrais, ceux sur qui nous pouvons compter, seront toujours là. Nous pouvons les perdre de vue, les revoir quelques années plus, et l'amitié repart aussitôt.

Les copains, qui passent souvent, se transforment en amis parfois. Nous les rencontrons en vacances, au sport, lors d'une activité.

Les collègues, avec qui vous partagez une grande partie de votre temps, mais qui ne rentrent pas forcément dans votre intimité. Ils peuvent devenir des copains, voire des amis.

Les relations, les connaissances, personnes que nous croisons régulièrement, dont nous ne savons pas forcément grand-chose, mais avec qui nous échangeons quelques mots sympathiques : la boulangère, le facteur, les voisins, la coiffeuse...

Plus tous ceux que vous ne connaissez pas et que vous croisez au hasard des rencontres.

D'expérience, les personnes qui vous disent être seules sont celles qui considèrent que tout le monde doit être un ami.

Telle cette femme qui me dit qu'elle considère ses amis comme sa famille, qu'elle sort avec eux très souvent, qu'elle les appelle encore plus souvent, que c'est à eux qu'elle se confie plus facilement... et qu'ils sont une bonne cinquantaine. Amis ? Non, certainement pas, car le jour où elle a eu besoin d'un coup de main pour faire du bricolage dans son appartement, pas un ne s'est déplacé.

Sa conclusion : on ne peut compter que sur soi ! Parce que, mettant tout le monde dans la même catégorie, elle a confondu amis et copains.

La plupart d'entre nous ont ainsi un réseau social constitué de ces différentes catégories. Distinctes. Entre lesquelles nous savons bien faire la différence. C'est l'amalgame (comme pour cette femme) qui est source de frustration : par les attentes que nous avons envers les membres de ce réseau et qu'ils ne peuvent pas satisfaire. Si elle n'avait pas fait l'amalgame, elle aurait demandé à ses amis et non à ses relations, et elle n'aurait pas été déçue.

Le bonheur de vivre avec les autres

Par définition, les autres sont omniprésents, avec leur regard, le fameux regard des autres, celui qui glace ou qui paralyse

Derrière ce regard ne se cache rien d'autre que l'intérêt qu'ils vous témoignent, l'attention qu'ils portent à ce que vous leur dites.

Car le regard est, avec la distance idoine, le point d'entrée d'une conversation, la clef qui fait que l'échange peut se dérouler dans de bonnes conditions.

➤ *Prendre les autres comme ils sont*

Prenez-les comme ils sont, sans les juger lorsqu'ils vous blessent, mais en les comprenant, en comprenant les grands mécanismes à l'origine de leurs comportements.

Loin de la méchanceté, le plus grand moteur de nos comportements et de nos attitudes inadaptés est la souffrance.

Reprenons l'exemple dans lequel vous avez mal au bras et où vous criez contre la personne qui vous a bousculé.

Ce n'est pas dans votre nature d'injurier volontairement les gens et vous n'en avez pas non plus envie. Simplement, vous avez mal.

De la même façon, si quelqu'un est mal dans sa peau et ressent donc des émotions négatives (colère, tristesse, anxiété…), il aura également des comportements ou des attitudes plus ou moins appropriés : il pourra faire des réflexions déplacées, ne pas vous écouter, se moquer de vous…

Parce qu'il a mal. Mal à l'intérieur.

Si bien que ses paroles ne sont pas dirigées contre vous. Mais par rapport à lui.

Il est d'autre part courant que les gens, vous y compris, donnent leur opinion sous une forme tronquée et pleine de leurs émotions.

Un jeune homme me racontait qu'il avait envie d'aller en province pour une soirée. Et rentrer le lendemain. Comme il en parle à sa copine, elle lui répond que c'est idiot, inenvisageable et que ça ne rime à rien.

Nous avons tous vécu ce genre de situation, et nous sommes tous d'accord pour dire que ce n'est ni agréable ni diplomate.

Il s'agit en fait de phrases mal formulées et incomplètes.

Dans le fond, la jeune femme lui dit : « Moi, à ta place, je ne le ferais pas, car ça ne me tente pas et que je suis même incapable de l'envisager. »

Ce n'est là non plus pas contre vous, mais par rapport à elle.

Montrer de la compréhension face aux mécanismes sous-jacents, laisser glisser, prendre du recul et remettre les choses en perspective permet de prendre les gens pour ce qu'ils sont, pour ce qu'ils ont à nous apporter.

➤ *L'affirmation juste*

Cherchez autour de vous quelqu'un à qui vous aimeriez ressembler en termes d'affirmation. L'image la plus souvent retenue correspond à quelqu'un qui est à l'aise, qui a toujours quelque chose à dire, sur tout et à tout le monde, qui ne se laisse pas démonter, et qui sait imposer sa parole.

Sauf que ce n'est pas quelqu'un de « juste » affirmé, mais quelqu'un de « trop » affirmé.

En effet, quelqu'un de juste affirmé, qui a de l'assurance, mais pas trop, est celui qui dit son opinion lorsque ça en vaut la peine, qui parfois ne dit rien, qui sait écouter les autres lorsqu'ils parlent et rebondir sur leur parole, qui ne cherche pas à convaincre qu'il a raison, car il sait que c'est une question de point de vue et qu'il respecte l'avis des autres.

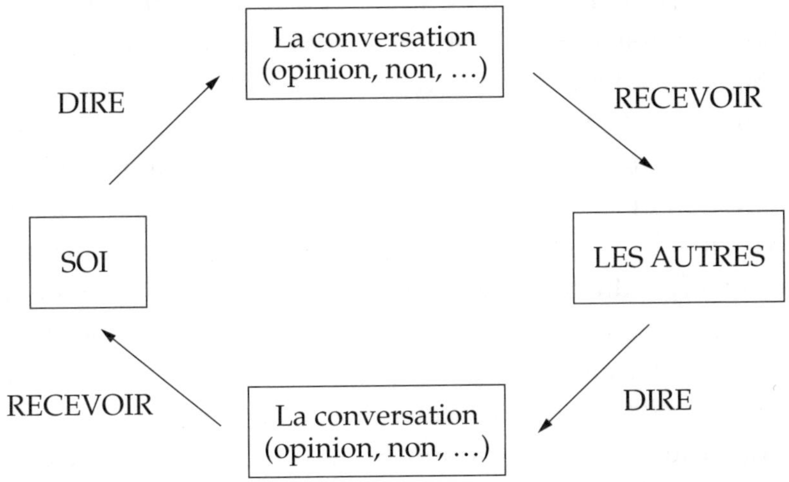

Dans l'histoire, il y a vous et les autres.

Vous leur parlez, et ils vous écoutent. Si vous leur parlez sans provocation, sans agressivité et sans chercher à avoir raison, alors ils devraient recevoir ce que vous leur dites, l'écouter, en tenir compte, vous répondre et faire avancer la conversation. Chacun écoute l'autre et tient compte de ses idées pour faire avancer les siennes.

Sauf que si vous avez face à vous une personne « trop » affirmée, alors elle ne saura pas recevoir une opinion différente de la sienne, montera sur ses grands chevaux, deviendra directive, vous dira que vous avez tort… Vous ne l'accepterez pas et le ton montera.

C'est souvent avec ce genre d'interlocuteurs, les « grandes gueules », que le débat se termine en conflit.

Encore une fois, c'est elle qui « a mal à l'intérieur » et ce n'est donc pas contre vous.

Que faites-vous alors ? Soit vous connaissez la personne pour ce qu'elle est et vous ne lui donnez pas de prise, soit vous ne la connaissez pas, et vous essayez de discuter, vous vous rendez compte que ce n'est pas possible, alors laissez tomber.

Sauf si, ce jour-là, vous trouvez que « ça vaut le coup » de discuter, pour vous.

Car lorsque je dis qu'une personne « juste affirmée » ne donne son opinion que lorsque ça en vaut la peine, il y a plusieurs manières de considérer cela : soit pour vous, parce que ça vous fait du bien, mais en sachant que vous risquez de vous mettre en colère ; soit pour faire évoluer le débat, et avoir une discussion intéressante, mais, dans ce cas, il faut que la personne soit ouverte et réceptive.

En d'autres termes, votre discours se doit de s'adapter à vos interlocuteurs. Certains me disent que l'on tombe alors dans la manipulation. Mais n'avez-vous pas déjà un discours adapté, quoique inconsciemment, lorsque vous discutez avec votre percepteur, votre chef, votre conjoint, vos amis ou vos enfants ? Si, bien sûr. C'est le même principe, mais vous n'en avez pas conscience.

Cela revient à dire qu'il faut que vous pensiez à vous, sans vous oublier, en ayant conscience des autres, en en faisant abstraction.

J'ai récemment rencontré quelqu'un à qui je parlais de ce paradoxe apparent.

Et je lui disais que je manquais de vocabulaire pour dire aux gens que je reçois de penser à eux dans le bon sens du terme. Car les seuls mots que nous ayons sont « égoïste », « égocentrique » ou « narcissique », et ne correspondent pas du tout à la notion de partage, de « penser à soi pour être bien, et être bien avec les autres ». Car si nous ne sommes pas bien avec nous-mêmes, nous ne pourrons pas être bien avec les autres.

Sans aucune connotation religieuse, elle m'a alors cité une phrase du Christ : « Aime ton prochain comme toi-même », qu'elle interprète en disant « aime-toi toi-même, d'abord, pour, ensuite, aimer ton prochain ».

Apprendre à voir les bons côtés des uns, des autres, de la vie, les belles choses qui nous entourent permet d'aller encore plus loin.

- Nous vivons dans une société peuplée de nos semblables et dans laquelle le lien social est omniprésent et fondamental.
- L'indépendance n'est pas de se passer de relations et de ne compter que sur soi, mais de savoir dépendre « à bon escient » des autres, et d'être autonome.
- Les autres ont leurs qualités et leurs défauts et interagissent en fonction de ce qu'ils ressentent au fond d'eux-mêmes.
- La communication équilibrée consiste à accepter l'autre comme il est, à percevoir ses défauts d'assurance, à ne pas les prendre contre soi, et à exprimer ce qu'on ressent, en fonction de son interlocuteur, et sans s'oublier.

CHAPITRE 7

Cultiver le sens du positif

Chaque jour qui passe est rempli de bons côtés, de choses agréables, grandes ou petites, que nous ne remarquons plus. Qui sont de notre fait, dus à ceux qui nous entourent et qui nous ont précédés, et que nous ne voyons pas toujours.

Il y a à côté de chez moi une maison, avec un petit jardin en pente qui donne sur la rue. Au moment de Noël, le propriétaire prend du temps pour le décorer de centaines de petits personnages, d'illuminations, de guirlandes et d'automates. Tous dirigés vers les passants.

Il n'en attend rien. Rien d'autre que faire plaisir autour de lui.

Le monde n'est pas noir

Non, le monde n'est pas noir, comme certains cherchent à nous le faire croire. Ce monsieur en est la preuve, comme bien d'autres, qui ont à cœur d'aider les autres.

Cherchez autour de vous les gens qui essaient de faire le bien. Qui sont bénévoles dans des associations. Qui donnent de leur temps pour en soutenir d'autres.

Ou de leur argent pour des causes qui leur semblent importantes.

Qui contribuent à donner du plaisir et du bon temps aux autres.

Car aider les autres ne passe pas uniquement par l'aide humanitaire ou sociale, même si c'est le moyen le plus direct.

Nombre de personnes que je reçois me disent qu'elles ne « servent à rien ». Je comprends leur sentiment, mais la réalité est autre.

Un acteur qui fait rire les spectateurs, les fait réfléchir ou les distraits ne sert à rien ?

Un constructeur ou un vendeur automobile qui améliore notre confort et notre sécurité ne sert à rien ?

Un couturier qui nous aide à nous sentir bien dans notre peau ne sert à rien ?

Chaque activité joue un rôle dans le bien-être de nos concitoyens, même indirect, même minime, mais un rôle quand même.

C'est le cas pour chaque personne, au travers de son activité, de son engagement, de sa personnalité.

Le chemin des générations passées

De même que tous ceux qui nous ont précédés.

Arrêtez-vous sur un objet qui se trouve autour de vous. Là, tout de suite, et commencez à réfléchir à ce qu'il a fallu pour qu'il existe.

Pour moi, c'est ma chaîne hi-fi, avec la musique de Messiaen.

Qu'est-ce qui me permet d'écouter ce disque ?

D'abord que Messiaen ait composé cette musique.

Qu'il ait eu les instruments pour. Donc que quelqu'un les ait inventés, que quelqu'un d'autre les ait reproduits pour permettre à un orchestre de jouer, que quelqu'un encore ait eu envie de les utiliser...

Qu'il ait eu la musique pour. Que quelqu'un, un jour, sûrement très lointain, ait commencé à fredonner, à recommencer, à écrire.

Alors que quelqu'un a eu l'idée d'inventer les notes, que quelqu'un a inventé le papier et le crayon, mais avant l'alphabet.

Et l'imprimerie, et l'ordinateur aujourd'hui, et l'imprimante...

Essayez avec n'importe quoi : une route, un vêtement, un verre, tout, vous verrez, c'est pareil. Personnellement, j'en ressors avec le vertige.

Cette réflexion nous entraîne vite dans des abîmes vertigineux.

Car tous, un jour, ont contribué à inventer ce qui fait notre monde actuel. Que nous sommes sur un chemin dont les traces remontent à la préhistoire et encore plus loin.

Que sur ce chemin, des hommes et des femmes, de toutes sortes, ont eu un jour à cœur de faire quelque chose pour les autres.

Certains vous répondront que c'était par intérêt. Peut-être et peut-être pas. Nous n'en savons rien. Mais l'intérêt fait également partie de la vie. Ne serait-ce que pour se nourrir. Alors si c'est de cet intérêt-là qu'il s'agit : très bien.

Chacun d'entre vous, aujourd'hui, écrit aussi le chemin des générations futures.

Nous nous trouvons ainsi à un carrefour où notre positif prend sens dans l'humanité entière.

Mon positif : mes atouts et mes qualités

Votre positif à vous ? Votre personnalité. Ce qui fait que vous êtes vous, une personne bien, avec vos qualités et vos défauts.

Adaptée à la vie que vous menez.

Peut-être ne tirez-vous pas entièrement ou totalement parti de vos atouts, mais, dans l'ensemble, votre vie correspond à ce qui fait votre personnalité. Même si vous rêvez parfois d'être quelqu'un d'autre.

Posez-vous la question d'être à la place d'Untel, que vous enviez parfois. Si vous prenez sa vie, ses bons côtés, vous en prenez aussi les travers : telle star, célèbre d'accord, mais sans vie privée, car toujours sous le feu des projecteurs ; tel homme d'affaires, richissime mais n'ayant aucun moment pour s'amuser…

Non pas qu'ils n'en aient pas les compétences intrinsèques, mais on n'imagine pas Mère Teresa en P-DG d'une multinationale pas plus que le président de la République à la tête d'une ONG.

Car ils ont su adapter leur vie à leur fonctionnement propre, à leur degré de confiance en eux, à leur personnalité, leurs caractéristiques… et à en tirer parti pour faire exactement ce qui leur correspondait.

De même vous : vous avez des atouts et des qualités, des compétences et des capacités que vous utilisez au mieux de vos souhaits, de vos besoins et de vos désirs.

Les atouts et les qualités des autres

Le sens du positif passe aussi par les autres : par ce qu'ils vous apportent et ce que vous ne vivriez pas s'ils n'étaient pas là.

Nous ne voyons souvent, ou plus facilement, que les mauvais côtés des autres, ce qui nous énerve, et c'est légitime. En effet puisque cela suscite des émotions négatives, cela nous touche plus spontanément.

Comme nous l'avons vu, apprendre à voir au-delà des apparences est un bon moyen pour développer de la compréhension et de l'indulgence. Aller plus loin en voyant, malgré les mauvais côtés, les aspects positifs de nos concitoyens permet de tisser des relations plus harmonieuses avec eux.

Un bon moyen consiste à imaginer votre vie sans la personne qui vous suscite de l'agacement, de la colère, de l'énervement, de l'incompréhension ou toute autre émotion désagréable. Imaginez tous les aspects de votre quotidien sans elle, tout ce que vous perdriez en ne l'ayant pas quelque part dans votre vie, aussi bien les aspects qui vous déplaisent que les plus agréables. Vous verrez que, finalement, vous préférez la connaître, et cela vous permettra de relativiser ce que vous percevez comme ses mauvais côtés.

Apprenez également à ne pas focaliser sur le négatif, mais cherchez toutes ses qualités.

Je me souviens d'une maison où j'allais régulièrement. La porte sur la rue en était affreuse, vraiment, à tel point qu'on l'appelait entre nous le blockhaus. Mais, une fois que vous l'aviez franchie, vous vous trouviez dans une charmante maison avec un jardin merveilleux : un vrai havre de paix.

En s'arrêtant au premier regard, personne n'aurait eu envie d'entrer dans cette maison, et ç'aurait été une grande perte.

Les personnes sont comme cette maison : elles peuvent présenter des façades rebutantes – le reflet de leur souffrance intérieure – et resplendir dans d'autres circonstances.

Souvenez-vous de tous ces instants magiques que vous avez vécus, que vous vivez, avec les personnes de votre entourage ; cela vous aidera à passer sur leurs défauts.

Penser à soi dans le bon sens

Pensez à vous dans le bon sens du terme.

Pour ne pas vous oublier, et ne pas oublier vos besoins, mais en en tirant parti, pour être bien avec les autres, et suivre avec eux votre chemin.

➤ *Se détendre*

Savoir se détendre, ne pas toujours être en action, pouvoir se poser et faire le point. C'est tout cela qu'englobe le concept de détente.

Partant, il est différent pour chacun : de la pause sur une chaise longue, les doigts de pied en éventail, au binage des mauvaises herbes.

Car la pause commence par l'idée que l'on s'en fait.

J'avais, à mon bureau, une dame qui venait pour des problèmes de stress. Je lui dis qu'il lui fallait prendre un peu de temps pour se poser. Elle me répondit que c'était impossible, car étant assistante maternelle, elle avait des petits enfants à surveiller et n'avait donc pas une minute pour elle.

Nous nous séparâmes en nous disant que nous allions trouver une solution.

Je la revis quinze jours plus tard, avec un grand sourire. « Vous savez, me dit-elle, ça marche. Je mets une demi-fesse sur l'accoudoir d'un fauteuil, et je me pose. Qu'est-ce que c'est bon ! »

C'est l'idée de la pause : une demi-seconde suffit dès lors qu'on en a conscience.

Vous détendre, c'est également prendre conscience que vous n'avez pas besoin de courir partout. Que de courir ne résout rien, et ne vous fait gagner que quelques minutes, et encore, tout en vous stressant d'avantage.

Alors que vous savez que vous atteindrez votre objectif, quoi qu'il arrive, et de quelque manière que ce soit.

Ce monsieur qui me dit : « Je cours en sortant du bureau, pour attraper mon métro, rentrer chez moi, dîner et vite me coucher. Ça me stresse, si vous saviez ! »

Au final, qu'est-ce qu'il gagne à courir ainsi ? Rien. Encore une fois, c'est l'idée qu'il se fait de devoir courir. De toute façon, le temps de métro est incompressible, et il n'a aucun choix possible.

Une fois cette idée admise, il a commencé à apprécier le métro, en en faisant un vrai moment de détente. Il lisait un magazine, restait dans ses pensées, observait les autres, songeait et passait un bien meilleur moment.

Prenez conscience de toutes ces activités que vous faites en courant, et pour lesquelles (comme pour le métro) vous n'avez pas le choix. À quoi cela sert-il de vous presser pour rien ?

➤ *Faire abstraction des autres*

J'ai pourtant dit qu'il fallait les intégrer dans notre monde, dans notre manière d'être.

À condition de savoir en faire abstraction par moments pour ne pas nous faire parasiter par des pensées et des étiquettes déstabilisantes et destructrices.

Prendre par exemple du recul sur tout le matraquage publicitaire et marketing. En vous demandant ce dont vous avez vraiment besoin et envie.

En assumant cette différence, qui fait de vous, finalement, quelqu'un comme tout le monde.

J'aime bien me pencher sur les scores d'audience de la télévision.

Car, à écouter les messages marketing, les seuls films, émissions ou séries « intéressants » sont ceux où on trouve de la violence, du fantastique ou d'autres choses du même acabit.

Eh bien non ! Les meilleurs scores sont pour les séries pleines de bons sentiments, pour les émissions drôles et les émissions culturelles. Les autres sont reléguées à un public… différent, mais minoritaire !

Ne cherchez donc pas à être comme ce que vous pensez être, un « monsieur Tout-le-monde », mais assumez vos choix.

➤ *Loisirs, activités et ennui*

Une autre étude amusante et pleine de paradoxes a été menée au travail et pendant votre temps libre.

La plupart des gens considèrent que le travail est un mal nécessaire qui n'a d'intérêt que de nous procurer ce dont nous avons besoin pour, ensuite, profiter de nos loisirs.

Or, si vous demandez à quel moment les gens éprouvent le plus d'expériences positives, de satisfaction, ils vous répondent : au travail.

Si vous leur demandez ce qu'ils attendent le plus lorsqu'ils sont à leur travail, ils vous répondent : le vendredi soir pour être en week-end. Début du paradoxe.

Si l'on continue, on s'aperçoit que leurs niveaux de satisfaction et de bien-être sont plutôt bas pendant le week-end, alors qu'ils réclament plus de loisirs !

En résumé, les gens réclament du temps libre, qu'ils ne savent pas utiliser à bon escient, et ils s'ennuient.

Nombre de personnes que je vois sont dans ce cas, qui vous décrivent des périodes de stress, de déprime ou de mal-être qui ne devraient pas être là, car elles ne sont provoquées que par de l'ennui.

Du concept de temps libre, on est passé à celui de loisirs et d'activités, shuntant par là même tout ce qui fait notre vie quotidienne, et le reléguant à l'état de corvée.

Certes, faire le ménage n'est peut-être pas une activité de loisirs, telle qu'on la définit actuellement. Mais il n'en reste pas moins que c'est une activité indispensable et qui peut procurer de la détente.

À condition de changer de lunettes pour ne pas tomber dans des interprétations erronées.

- La vie est pleine de bons côtés, que nous avons perdu l'habitude de voir. De bons moments et de personnes tournées vers les autres, et qui n'attendent rien en retour.
- Les générations qui nous ont précédés nous le prouvent dans chaque petit geste quotidien que nous effectuons : ce sont elles qui nous le permettent.
- De même, vous avez plein d'atouts et de qualités que vous ne voyez plus.
- Et vous ne pensez plus à vous dans le bon sens du terme, sans égoïsme ni égocentrisme, mais juste pour être bien et pouvoir être bien avec les autres.

CHAPITRE 8

Changer de lunettes et gagner en sérénité

Ne pas se laisser prendre par le premier abord. Savoir mettre les choses en perspective. Accepter les aléas, avoir de l'indulgence pour soi et les autres, prendre de la distance et gérer ses émotions.
Bref, changer de lunettes et ne plus se poser de questions.

Être bien dans sa peau et dans sa tête.

Gagner en sérénité. Prendre du recul et changer votre regard sur vous, les autres et le monde.

Prendre du recul

Ne pas tout prendre de plein fouet, ne pas toujours vous remettre en question lorsque ce n'est pas justifié, ne pas interpréter et laisser glisser.

Lorsque vous êtes le siège d'une émotion négative, celle-ci colore vos pensées et vous entraîne dans la spirale des pensées négatives et des erreurs de raisonnement.

Reprenons notre exemple dans lequel vous croisiez votre chef au bureau le matin en arrivant. Il vous regarde et ne vous dit pas bonjour. En supposant que vous soyez dans un état d'esprit tendu, vous allez peut-être vous dire quelque chose comme : « J'ai fait une bêtise », ou bien « Il n'a pas apprécié ma présentation d'hier après-midi. » Du fait de votre état de tension, vous n'aurez pas accès à d'autres types de pensées, plus rationnelles, comme : « Il a oublié de mettre ses lunettes et il ne m'a pas vu », « Sa femme l'a quitté », « Son fils est malade », « Il s'est fait remonter les bretelles par son *boss* », « Il a une envie pressante »...

Autant de pensées qui vous viennent lorsque tout va bien, et dont l'une est probablement le reflet de la réalité, mais qui sont occultées par vos pensées négatives lorsque vous vivez des émotions désagréables.

Il y a ainsi rationnellement toutes les chances pour que votre interprétation négative soit fausse.

Il n'est donc pas nécessaire de l'approfondir.

Essayez alors de laisser passer ces pensées, sans y prêter attention.

Un peu comme lorsque vous êtes au cinéma, et que vous regardez les publicités.

L'objectif est bien de voir un film. Les pubs font partie du spectacle, mais ce ne sont pas elles que vous venez voir, nous sommes d'accord.

Vous les regardez sans y prêter plus d'attention que cela : c'est-à-dire que vous n'allez pas forcément croire ce qu'elles racontent ni acheter le produit qu'elles vantent. Au mieux vous les trouverez amusantes. Au pire vous ne les aurez pas regardées.

L'idée est la même : le rôle de votre cerveau est de vous envoyer des pensées (les pubs), mais vous n'êtes pas obligé d'y croire, ni d'y prêter attention.

Sans parler de dédoublement de personnalité, votre cerveau n'a pas toujours raison.

J'en veux pour preuve cet exemple :

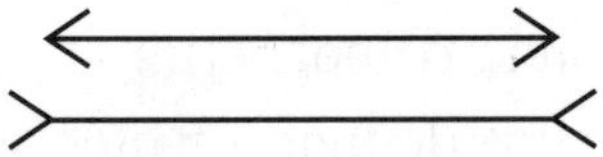

Vous voyez, sans contestation possible, la ligne inférieure plus grande que la ligne supérieure.

Vous n'avez aucun dédoublement de personnalité, mais les deux ont exactement la même dimension : il s'agit d'une illusion perceptive par laquelle votre cerveau vous trompe.

Vous pouvez alors admettre que vos interprétations peuvent être erronées, et qu'il est préférable de ne pas y accorder plus d'importance que cela.

Prenez-en conscience, et mettez-le en pratique en vous en tenant aux faits.

Cela veut dire focaliser votre attention sur ce qui se passe effectivement et ne pas laisser vos pensées partir dans des interprétations. Vous coupez court ainsi à toute émotion négative, et la situation ne peut plus devenir inconfortable.

Mens sana in corpore sano

« L'homme vraiment sage, dit Maxime de Juvénal, ne demande que *la santé de l'âme avec la santé du corps.* »

Les deux sont liées.

Alors *quid* de l'activité physique, de l'équilibre alimentaire… de tout ce qui contribue à notre équilibre physique ?

Comme tout ce dont nous avons parlé, l'activité physique ne doit pas être un but en soi, mais elle doit s'insérer dans un ensemble plus vaste. Par exemple celui des loisirs.

Car faire du sport pour le sport n'est pas forcément une bonne motivation. Ni se muscler pour se muscler. Derrière se cachent souvent de « mauvaises » raisons : briller, se mettre en avant, séduire… autant de moteurs qui peuvent dénoter une faiblesse de l'estime de soi.

Encore une fois, tout dépend ce qu'on en fait.

L'exploit pour l'exploit : non. Dans un but détourné : oui.

Quand au sport, juste « parce qu'il faut se bouger ». Oui dans le fond, non dans la forme.

Se bouger n'implique pas forcément d'aller à la salle de sport. Cela commence chez vous, par des activités quotidiennes.

Nous connaissons tous des personnes de la génération de nos parents ou de nos grands-parents qui n'ont jamais pratiqué de sport régulièrement (juste un peu pendant les vacances), et qui pourtant sont en pleine forme. Car ils sont actifs, et n'ont jamais cessé de l'être.

Actif, cela veut dire s'occuper de son jardin, aller se promener, faire des visites, aller faire les courses, à pied ou à vélo, s'occuper de soi et de ses proches. Et, généralement, cela suffit.

Alors, encore une fois, replacez vos activités, quotidiennes et moins quotidiennes, dans le cadre de votre bien-être, et ne cherchez pas toujours à pratiquer des activités qui sortent de l'ordinaire.

Pas d'absolu…

L'absolu, les extrêmes et la vision manichéenne sont à proscrire.

D'une part, car irréalistes et irréalisables.

D'autre part, car source d'erreurs de raisonnement, de stress et de frustration.

Bannissez de votre langage les expressions « il faut », « je dois », « toujours », « jamais » qui sont, la plupart du temps, inadaptées.

Inadaptées car elles ne reflètent pas la réalité.

« Il faut absolument que j'élague tous mes arbres en un week-end », me disait un monsieur. Comme c'était impossible, il ne démarrait pas.

Pourquoi faut-il arriver à cela ? S'il commence, il finira bien par les élaguer tous. Alors pourquoi tous d'un coup ? Quelle importance ?

Aucune s'il recadre l'objectif (élaguer les arbres) en faisant abstraction du qualificatif destructeur (tous, le même week-end).

De même, le « cent pour cent » n'existe pas. Personne ne peut être bien cent pour cent de son temps. La vie ne peut pas être rose cent pour cent du temps.

Aussi ne cherchez pas à l'atteindre, mais privilégiez la variabilité.

… mais de la variabilité

Offrez-vous la possibilité un jour d'être bien, le lendemain maussade.

Un jour de rester chez vous, le lendemain d'aller visiter un château.

De manger un couscous et le lendemain une salade.

De vous donner des choix. Des possibilités qui enrichiront votre quotidien et le transformeront, en vous permettant de mieux vous adapter et de faire face à ce qui se présente.

Acceptez de ne pas être parfait, mais d'être vous, avec des hauts et des bas, des imprévus et des aléas.

Sachez ainsi profiter de chaque moment qui passe, car vous savez que vous avez les capacités pour faire face.

Pour faire face et les apprécier.

Sans pour autant que cela ne vous incite à baisser les bras et à ne plus avoir d'ambition.

Non, profiter de la variabilité, sans chercher à atteindre un absolu, une perfection qui n'existe pas, mais en cherchant à vous améliorer, parfois, pas toujours, lorsque vous en avez le temps et l'envie.

En intégrant, dans un cadre beaucoup plus vaste, celui de la tournure que vous voulez donner à votre vie, de votre sens personnel.

Tout prend corps dans ce cadre, aussi bien les activités incontournables que les activités de loisirs, qui autrement sont déconnectées les unes des autres.

• Ne pas se laisser prendre par les mauvaises pensées qui résultent des émotions négatives.
• Apprendre à s'en tenir aux faits pour que le « petit vélo » ne démarre pas.
• Trouver l'équilibre dans la variabilité et bannir l'absolu.

CHAPITRE 9

Trouver le sens de sa vie

Le sens de la vie, c'est tout simplement un petit mot, un verbe, qui chapeaute tout ce qui constitue votre vie. Chaque acte, chaque action, chaque pensée y trouve alors sa place.

Donner le sens de la vie en général, et même y réfléchir, sortirait de notre propos.

Par contre chercher le sens que chacun peut y donner contribue à augmenter son sentiment de bien-être.

Assembler les pièces d'un puzzle

Notre vie se compose de plusieurs « compartiments » : la vie professionnelle, la vie familiale, les amis, les relations…

Chaque compartiment fait à son tour intervenir des activités, des tâches, des loisirs.

Matériellement, concrètement, chacune de ces actions est effectivement déconnectée l'une de l'autre.

Car quel lien peut-on trouver entre la pratique de l'équitation et les courses ou la vaisselle ?

Entre l'écriture d'un rapport et l'organisation d'un dîner ? Entre le bain des enfants et une visite au musée ?

Et pourtant, ce lien existe. Ne serait-ce que parce que la réunion de tous ces morceaux vous constitue, vous.

Mais c'est insuffisant car ce ne reste qu'une accumulation de morceaux sans rapport entre eux. Sans direction commune, sans sens commun.

Ne cherchez plus à faire une liste des activités que vous pratiquez, mais réfléchissez à ce qui vous intéresse dans chacune de ces actions, ce qui vous motive, ce que ça vous apporte, ce que vous en retirez... pourquoi vous les pratiquez.

Ne vous arrêtez pas au premier abord : vous ne faites pas la cuisine parce qu'il le faut. Vous faites la cuisine, parce que vous voulez que vos enfants aient à manger, qu'ils développent un goût des bonnes choses, parce que vous avez une famille, parce que votre famille, votre couple sont importants pour vous.

Vous n'apprenez pas l'espagnol pour vous occuper l'esprit. Vous le faites car vous aimez apprendre, car les autres cultures vous attirent, car vous avez une vision globale de la planète, car vous avez à cœur de tisser des liens entre les peuples.

Cherchez ainsi le fondement qui vous fait agir, dans chaque circonstance et pour chacune des pièces constitutives de votre vie.

Cela vous donnera les premières indications du sens et de la direction qui sont ceux de votre vie.

Cimenter les morceaux

Sans partir dans des réflexions métaphysiques, le ciment entre les morceaux du puzzle, la colle qui les maintient entre eux et qui leur donne leur sens, doit se réduire à un seul mot, une étiquette qui les englobe tous.

Une étiquette qui chapeaute le tout, donnant sens à tout ce que vous faites, à tout ce que vous entreprenez.

Personnellement, mon étiquette est « transmettre ». Transmettre mes connaissances en psychothérapie, et en bien-être mental aux personnes que je reçois à mon cabinet. Transmettre au plus grand nombre à travers mes livres. Transmettre mon expérience à mes collègues lors de communications dans les congrès. Transmettre à mes amis ce qui est important pour moi.

Tout prend corps autour de ce verbe. Qu'il s'agisse de ranger la maison, de faire la cuisine... ? Transmettre à ma fille le sens de l'organisation, le goût des bonnes choses.

Transmettre implique de sortir du cadre strict de la définition de ce verbe. Car pour transmettre, il faut avoir des choses à transmettre.

Ce qui nécessite également de toujours me tenir informée des avancées de la psychothérapie, de toujours pratiquer pour m'améliorer, de me remettre en question pour progresser, d'être à l'écoute des autres pour transmettre les messages appropriés à chacun, d'être créative pour trouver les solutions adaptées...

Ainsi, apprendre fait partie de mon étiquette par exemple.

Et je peux ainsi rapporter chacune de mes actions à ce verbe.

« Apprendre » peut être une autre étiquette.

Pour cette enseignante qui apprend à ses élèves, qui apprend elle-même en pratiquant du sport à haut niveau, qui apprend chaque jour de chaque situation, pour ensuite apprendre à ses proches, à ses amis, au monde qui l'entoure.

« Faire avancer » pour ce monsieur qui réalise des études de marché, études humaines et non études de marché *stricto sensu* : la condition des femmes, les minorités au travail...

Faire avancer le monde au travers de son activité au sein d'une association humanitaire.

Faire avancer ses amis en échangeant avec eux.

Tout cela en se posant des questions, en se tenant informé, en apprenant lui-même.

Pour telle dame, ce sera « partager ».

Partager avec son mari, partager avec ses enfants. Partager avec ses collègues.

Dans ce cadre, la vaisselle, la lessive et les tâches domestiques trouvent leur place sans aucun souci : donner de la disponibilité pour partager avec sa famille. Des scrupules à partir en week-end sans ses enfants ? Bien sûr, car elle perd le partage avec eux.

Sans pour autant s'oublier, puisque, pour elle, l'important est de partager avec sa famille. C'est son choix, son équilibre, son bien-être et son efficacité.

« Éveiller » pour ce monsieur qui travaille avec des communautés de différentes origines : éveiller chacun à la différence et à la réalité de l'autre.

Éveiller ses amis à la beauté d'un tableau, d'une architecture...

« Évoluer » et faire évoluer les autres, pour cette dame qui pratique le conseil en entreprise. Faire évoluer ses enfants. Et évoluer, elle-même, dans ce que les autres lui apportent.

Lorsque vous avez trouvé votre étiquette, alors votre vie change d'orientation, de même que le regard que vous portez sur tout et tous, le sentiment de dispersion disparaît, de même que celui d'inadaptation, de même les frustrations et les sentiments négatifs.

Car alors, quoi que vous fassiez, vos réussites comme vos échecs, la moindre de vos actions, la plus anodine, ou la plus rébarbative prennent corps par rapport à cette étiquette.

Pour avoir une vision qui englobe tout

Cela vous permet de continuer à faire les mêmes choses, mais alors dans un cadre, un contexte qui a changé : de les englober dans ce qui fait sens pour vous.

➤ *Faire les mêmes choses dans une autre optique*

Une fois que vous avez trouvé le sens de votre vie, chaque action, chaque activité et chaque pensée en devient une partie.

Elle trouve sa place dans ce plus grand ensemble qui est votre chemin.

Vous pouvez alors prendre le recul nécessaire, par rapport à la pression sociale, par exemple, et assumer ainsi vos choix.

Si votre personnalité vous incite à aider les autres, alors vous ne leur direz pas souvent « Non ». Pourtant, vous entendez partout qu'il « faut s'affirmer, et savoir dire non ».

Sans votre vision globale, il est fort probable que vous culpabilisiez et que vous soyez persuadé que c'est « anormal », ou en tout cas problématique. Avec votre vision globale, vous savez que c'est bien pour vous, que cela correspond à votre personnalité et que l'inverse (dire non) ne vous conviendrait pas.

Vous pouvez également développer un esprit critique et prendre de l'assurance, en affirmant votre point de vue, comme étant le bon... pour vous.

Ce monsieur qui « éveille » les autres détestait intervenir avec des enfants : « La pédagogie n'est vraiment pas mon fort. » À partir du moment où il a pris conscience de son étiquette, il a pu le faire différemment : en prenant des exemples plus concrets lui permettant de les éveiller aux différences, aux beautés du monde...

➤ *Faire d'autres choses dans cette nouvelle optique*

Ce n'est évidemment pas pour autant qu'il ne faut pas vous remettre en question et ne rien changer à votre vie, en étant réducteur et en vous disant : « Tout ce que je fais rentre dans mon étiquette, donc je n'ai besoin de rien changer ! »

Dites-vous au contraire que vous savez ce que vous voulez, que vous avez gagné en confiance, et que vous pouvez vous donner les moyens de vivre vos projets.

Car ils ne seront pas la énième activité que vous démarrez, mais la contribution à une action plus vaste.

Cela vous permet également de baisser votre niveau d'exigence, et de repartir dans la bonne direction.

Une femme me racontait un jour comment elle avait rencontré son mari. Jusqu'à ce jour, elle était préoccupée par le prince charmant. Comme elle disait avec humour : « jeune, beau, riche, intelligent, bien sous tous rapports », et elle le cherchait de soirée en boîte de nuit, de soupirant en aventure, sans le trouver, bien évidemment.

Un jour, elle a croisé celui qui est devenu son mari, et avec qui elle a eu quatre enfants. Comment ? « J'ai mis ma vie à plat et regardé ce qui m'importait le plus. Fonder une famille. »

À partir de ce moment-là, elle a regardé les hommes différemment, non comme des princes mais comme des pères potentiels.

Avoir mis les choses en perspective et défini votre sens à vous permet d'apprécier le chemin sur lequel vous avancez.

Sans peur car vous savez qu'il vous mène dans la bonne direction.

En sachant y intégrer ce qui est important pour vous.

En refusant de vous engager sur des routes de traverse qui ne vous correspondent pas.

- Le sens de votre vie n'a pas une acception métaphysique.
- C'est le ciment qui relie chacun des morceaux qui constituent votre vie, l'étiquette qui les chapeaute, leur quintessence.
- C'est un mot qui englobe tout et qui vous permet d'y relier chacune de vos actions, des plus petites aux plus grandes.
- Vous pouvez alors remettre les choses en perspective :

– Faire les mêmes choses qui vous dérangeaient jusqu'à présent ;

– En faire de nouvelles.

Le bien-être mental est un ensemble d'attitudes et d'états d'esprit que vous pouvez acquérir et pratiquer. De même que prendre soin d'une voiture implique de lui prodiguer les soins appropriés (essence et non diesel, gonfler ses pneus…), être bien dans sa tête sous-entend que vous vous aimiez et que vous preniez soin de vous, à l'appui d'une pratique appropriée.

Le bien-être mental est un assemblage de différents outils que vous avez à votre disposition et que vous utilisez à bon escient.

Rester dans le juste milieu, ne pas tomber dans les extrêmes, accepter que la vie ne soit pas faite que de bons moments en sont les principaux principes.

Pour chacun, cela revient à accepter de faire des erreurs, et d'en tirer parti, de ne pas chercher à être parfait, mais à accepter ses limites et ses faiblesses, quitte à les travailler pour les faire reculer.

Que vous vivrez des moments désagréables, voire de grandes souffrances, et que cela est normal. Que vous connaîtrez des moments difficiles, mais que vous avez les moyens de les gérer et de les dépasser.

Que si vous étiez au soir de votre vie et que vous vous retourniez sur le chemin parcouru, vous vous rendriez compte que vous avez, globalement, su faire face à tout ce qui se présentait, que ce que vous aviez vécu, sur l'instant, comme des catastrophes, s'est trouvé résolu et que vous avez su faire avec, que, finalement, votre vie est riche de nombreuses réalisations, petites et grandes, et que vous avez su la mener correctement. Que vous disposez effectivement de ces compétences supérieures qui vous le rendent possible.

Cela revient également à ne pas chercher à être quelqu'un d'autre, mais à orienter votre vie, chacun des actes qui la constituent dans le sens qui est le vôtre.

En allant plus loin dans la même direction, vous pourrez insérer votre vie dans un cadre beaucoup plus vaste, celui de l'humanité et de son évolution, en vous visualisant comme l'un des maillons de cette chaîne infinie, l'un des maillons, avec ses qualités, ses atouts, ses compétences et ses défauts, qui font avancer le monde dans sa globalité.

Principes théoriques qui permettent de recadrer les idées dans les bonnes directions, ils n'en ont pas moins besoin d'un peu de mise en pratique dans votre vie de tous les jours.

DEUXIÈME PARTIE

Pratiques du bien-être mental

Des grandes notions à la pratique, ce n'est pas toujours simple.
Un peu de méthode, d'outils et de mise en œuvre, et votre bien-être mental est vraiment à portée de main.

Nous avons vu les principes importants à garder présents à l'esprit pour développer votre bien-être mental.

Au-delà de la théorie, qui vous permet de changer votre regard sur vous, le monde et les choses, la pratique reste indispensable.

Soit que nous cherchions à apprendre de nouvelles choses, et il nous faut pratiquer pour les rendre automatiques.

C'est l'exemple de l'apprentissage de la conduite automobile.

Que s'est-il passé lorsque vous avez eu votre permis ? Au début votre conduite était saccadée, votre voiture calait, vous vous y repreniez à quinze fois avant de réussir votre créneau, le levier de vitesses grinçait lorsque vous les passiez...

Autant d'exemples qui ont aujourd'hui disparu de votre conduite. Pourquoi ? Car vous avez pratiqué et que vous conduisez désormais de manière automatique.

Nous pouvons aussi être pris dans le poids des habitudes. Nous avons appris à fonctionner comme nous le faisons. Et cela nécessite de le désapprendre, de désapprendre nos habitudes qui ne nous conviennent plus pour les remplacer par d'autres, que nous aurons choisies et qui nous conviendront mieux.

La compréhension est un complément indispensable, mais seule elle est insuffisante, voire totalement inefficace lorsqu'il s'agit de désapprendre un ou des automatismes.

Prenons quelques exemples, un peu caricaturaux mais parlants.

Vous savez tous comment vous avez appris à lire : en apprenant une lettre, une autre, tout l'alphabet, puis les syllabes… Eh bien, maintenant que vous en avez la compréhension : cessez de savoir lire !

Vous savez comment vous avez acquis la marche : en vous mettant debout, en vous tenant aux meubles, en vous penchant… Eh bien, maintenant, cessez de savoir marcher !

Bien évidemment, ce n'est pas possible. Car ce sont des automatismes.

Encore une fois, la seule manière de se débarrasser d'un automatisme est de le désapprendre. Je reconnais que j'aurais cependant du mal à vous faire désapprendre la marche et la lecture.

Car désapprendre nécessite de remplacer le comportement en question par un autre.

Reprenons maintenant l'exemple de la voiture.

Vous savez conduire dans un pays francophone, c'est-à-dire dans un pays où la conduite se fait à droite et où le volant se trouve à gauche.

Imaginons que vous partiez dans un pays anglo-saxon. Vous savez que vous aurez à conduire à gauche, le volant étant à droite. Vous savez comment vous allez devoir faire

Que se passe-t-il au début de votre séjour.

Lorsque vous voulez changer de vitesse, automatiquement votre main droite se dirige vers le levier de vitesses (c'est-à-dire là où il se trouve dans votre voiture française), et que trouve-t-elle à la place ? La poignée d'ouverture de la fenêtre.

C'est vrai, vous avez l'air bête, mais c'est tout à fait normal : c'est un automatisme, et nous sommes tous passés par là.

Vous prenez gentiment votre main droite, la remettez sur le volant, prenez votre main gauche, et l'emmenez changer de vitesse.

Processus bien loin d'être automatique.

Projetons-nous quelques jours plus tard. Votre main droite reste désormais gentiment à sa place, et votre main gauche passe seule et automatiquement les vitesses dont vous avez besoin : vous avez appris à conduire à gauche, en désapprenant la conduite à droite.

C'est le même principe pour ce qui nous intéresse : qu'il s'agisse de manières de penser, d'appréhender la réalité ou de comportements, il faut apprendre ou désapprendre afin de créer de nouveaux automatismes.

Le tout est une question de méthode et de pratique.

Nous avons longtemps pensé que seul le cerveau des enfants était plastique et malléable, c'est-à-dire capable d'apprentissages, capable de s'adapter et se transformer en fonction des événements.

Nous savons aujourd'hui qu'il n'en est rien.

Une IRM effectuée avant et après thérapie permet de visualiser les changements qui se sont produits dans le cerveau, montrant par là même sa plasticité.

Si l'on fait par exemple une IRM d'une personne déprimée et qu'on la compare à celle d'une personne non déprimée, on constate que les zones activées ne sont pas identiques.

Si on refait une IRM après thérapie, on constate alors que les zones activées de la personne anciennement déprimée sont désormais les mêmes que celles d'une personne non déprimée.

Ce résultat est fondamental, car il montre sans ambiguïté que vous êtes capable d'inverser un processus négatif.

Par la pratique et l'acquisition de nouveaux comportements et de nouvelles manières de penser.

Lorsque vous allez commencer à modifier vos attitudes, tout se passe comme si votre voiture empruntait un chemin de campagne.

À force de pratiquer, de répéter encore et encore les mêmes attitudes, ou plutôt le même type d'attitudes, votre voiture emprunte encore et encore le même chemin. Au bout du compte, d'un chemin de terre, vous êtes passé à une autoroute : votre cerveau a modifié ses connexions en fonction de vos expériences.

Et cela en quelques mois seulement, à condition d'avoir les bons outils et de pratiquer régulièrement.

Vous trouverez à la fin de chaque chapitre les indications nécessaires pour progresser, dans la rubrique « Mon agenda du changement », et vous en aurez un exemplaire vierge complet à la fin du livre.

CHAPITRE 1

Je repère mes moments négatifs

Les émotions négatives sont le point d'entrée des situations que nous vivons et qui ne nous conviennent pas. Ce sont elles qui nous permettent de repérer ces moments sur lesquels nous avons besoin de faire le point.

La première des choses est de faire un bilan de votre journée.

Pour cela, il faut trouver un moment pour vous, pendant lequel vous aurez le temps et la disponibilité d'esprit pour vous poser.

Prendre du temps pour moi

Il est toujours difficile de trouver un temps, au calme, où l'on puisse réfléchir.

Ce moment est cependant indispensable, et il n'est pas si difficile à trouver.

Le tout est de le vouloir et... d'y penser, ce qui est finalement le plus dur.

Il n'y a pas un moment idéal, mais ceux qui vous conviennent. Pour certains, ce sera le soir, pour d'autres, le matin.

Pensez-y comme à des moments de détente qui vous permettent de vous recentrer, et non comme à des contraintes dans un emploi du temps déjà chargé.

Souvent, les gens me parlent du bus comme d'un moment idéal pour réfléchir et faire le point. Pour d'autres, ce sera le métro. Pour d'autres encore, le bain, la promenade dans la campagne, le jardinage, le bricolage, les activités ménagères... N'importe quoi, n'importe quand où votre esprit est disponible.

Personnellement, ma voiture est un moment merveilleux pour cela, confortable, avec de la belle musique, des pensées, et des idées. C'est là que me viennent mes projets.

Deuxième vertu : ça m'évite de m'énerver contre les embouteillages !

Définir ce qui vous gêne

Cette première étape va vous permettre de repérer les attitudes que vous souhaitez modifier. Et ce n'est pas si simple. Même si un comportement nous est préjudiciable, nous n'avons, d'une part, pas toujours conscience du fait qu'il soit devenu automatique et, d'autre part, il nous est attractif : nous connaissons nos façons de réagir, nos émotions, les effets sur l'entourage, etc.

Le point d'entrée est représenté par les émotions désagréables (honte, colère, culpabilité, peur, tristesse...) que vous pouvez ressentir.

Une pratique efficace et simple pour identifier « ce qui coince » consiste à faire régulièrement un bilan de votre journée en tenant un carnet d'observations. Dans un premier temps, vous noterez les situations qui ont « posé problème », vous pouvez vous reporter pour cela à l'agenda du changement que je vous propose page 161.

Ce sont ces situations auxquelles il s'agira de trouver des solutions.

Décrivez simplement (avec vos mots à vous, en détail ou en abrégé, comme cela vous convient) la situation qui vous a déplu, telle que vous l'avez vécue. Le but est de prendre conscience de ce qui vous dérange.

J'entends très souvent : « Ma journée a été pourrie. »

D'accord, maintenant posez-vous la question de ce qui a fait, très concrètement, qu'elle a été pourrie.

S'il y a trop de situations, notez-en quelques-unes seulement, à votre convenance. Il peut se passer plusieurs jours sans que vous n'en rencontriez : c'est tout à fait normal.

Il s'agit surtout d'être constructif, non de créer des « problèmes » supplémentaires, du genre : « Ouh là là ! il y a tout ça qui coince, je suis nul, je ne m'en sortirai jamais. » Non, l'idée est vraiment d'avancer, en se disant : « D'accord, j'ai vécu des situations qui ne me conviennent pas ; je ne peux plus les changer, mais je peux faire quelque chose pour le futur. » Là vous devenez réaliste (en acceptant de faire des erreurs), et constructif.

Tenez votre agenda tous les jours, tous les deux jours, mais pas moins d'une fois par semaine.

À terme, lorsque vous en aurez pris l'habitude, vous ne serez plus obligé d'écrire. L'idée est de vous amener à vous poser les bonnes questions, à réfléchir.

Vous le ferez directement dans votre tête et ce questionnement deviendra petit à petit automatique et sera devenu une habitude qui fera alors partie de votre « hygiène de vie ».

Mon agenda du changement

Reportez-vous à : Je me prépare à changer et Bilan – Étape 1, Je deviens mon propre observateur, p. 162-167.

Quels sont les moments où vous avez du temps pour vous ?

Réfléchissez aux moments de votre journée où vous pouvez avoir du temps pour penser tranquillement. Identifiez-en plusieurs, cela vous donnera de la flexibilité et vous gagnerez en efficacité.
Par exemple :

– Bus
– Train
– RER
– Métro
– Voiture
– Pendant le bain
– Sous la douche
– Autour d'un café
– Au petit déjeuner
– En rentrant le soir
– Avant de me coucher
– …

Préparez-vous à y penser

Ça peut paraître simpliste, mais il n'est pas si aisé de changer une habitude ou d'en prendre une nouvelle ; la difficulté la plus grande, à mon sens, est de penser à faire ce qu'on a décidé de faire. Pensez à toutes ces fois où vous vous êtes dit après coup : « Zut, j'ai encore oublié. »
Trouvez vos trucs qui vous permettront de ne pas oublier de penser à vous dans les moments que vous avez identifiés précédemment.
Par exemple :

- Notez-le dans votre agenda ;
- Sur votre *Palm* ;

- Collez un Post-it sur la porte du réfrigérateur, sur la porte d'entrée ;
- Faites biper votre téléphone, votre ordinateur ;
- ...

Imaginez votre vie idéale

Savoir ce que vous avez envie de changer dans votre vie n'est pas toujours aisé, et souvent, si je demande aux personnes que je reçois ce que serait leur vie idéale, c'est-à-dire sans les soucis qui les amènent à me consulter, ils ne savent pas répondre.

C'est pourtant fondamental si l'on veut avancer dans la bonne direction.

Pour cela, je les aide en leur disant que le lendemain ils vont se réveiller et se rendre compte qu'une petite fée est passée au-dessus de leur lit durant la nuit. Ils n'ont pas pu formuler de souhaits, mais elle a transformé leur vie en vie idéale.

La question est alors d'observer ce qui a changé, ce qui est apparu qui n'existait pas, ce qui a disparu, ce qui a été modifié, ce qui est resté.

Prenez le temps de la réflexion et faites une liste de vos objectifs (au sens large), cela vous donnera la direction générale dans laquelle vous souhaitez conduire votre vie.

Transformez-vous en observateur

Observer une situation vous permet d'en avoir une vision plus juste et de prendre du recul par rapport aux impressions qui sont souvent trompeuses.

Prenez le temps chaque jour de noter tout ce qui ne vous a pas convenu.

Faites alors une liste de toutes les situations concrètes qui ne vous ont pas satisfait.

Le but est de vous faire prendre conscience de ce que vous souhaitez modifier. Écrivez de la manière qui vous convient, soit en phrases longues, soit en codes, le tout est de vous sentir à l'aise.

CHAPITRE 2

Mon positif

S'il est effectivement important de percevoir les moments négatifs, ils occultent trop souvent les positifs. Or si réparer une jambe cassée (avancer) est fondamental, agir en amont pour éviter de se la casser l'est tout autant : c'est l'intérêt de prendre conscience de tout le positif qui nous entoure.

Le sens du positif s'inscrit dans une dynamique beaucoup plus vaste que celle des moments positifs : votre positif, celui des autres, de ceux qui vous ont précédé, de ceux qui vous suivent, assortis d'une compréhension et d'un recul par rapport à vous et au monde.

Mes faits positifs

Prendre conscience de ce qui ne va pas dans sa vie peut être relativement déprimant. On peut avoir l'impression que tout est trop difficile et qu'on ne s'en sortira jamais.

Pour contrebalancer, du moins en partie, cet aspect négatif, il est important de réapprendre à faire attention aux « petites briques » positives de notre journée. Il y en a des dizaines chaque jour, mais nous ne les voyons plus.

➤ *Ils sont occultés par les mauvais moments de la journée*

Une journée n'est que rarement totalement « pourrie ». C'est un mélange de désagréments, de contrariétés, voire de souffrances, et de moments agréables. Les premiers vont, le plus souvent, occulter les moments agréables qui ont pu exister : vous ne les verrez pas, ou ne leur accorderez que peu d'importance.

Or ils existent malgré tout.

On peut ainsi comparer notre journée à une balance : sur un des plateaux, les événements désagréables qui, quelle que soit leur intensité, pèsent lourd ; sur le second, les faits positifs, qui, eux, ne pèsent que s'ils sont importants.

Une image, un peu simple, serait : « Il a fait beau toute la journée, mais il a plu dix minutes, j'ai été trempé, donc la journée est mauvaise. »

Sans minimiser ce que vous pouvez ressentir, il s'agit de déconnecter les événements négatifs des événements positifs, en enlevant les petits mots de liaison (« mais, donc » dans la phrase ci-dessus), de reprendre conscience des événements positifs et de réattribuer leur poids exact aux événements négatifs, le tout sans forcément porter de jugement sur la qualité de votre journée.

➤ *Nous n'accordons notre attention qu'aux faits importants*

Une deuxième raison qui nous fait les ignorer est que nous les considérons souvent comme trop petits, pas assez significatifs pour être notés.

Pourtant, ils sont bel et bien là et constituent les petites briques qui font de notre journée, de notre vie, ce qu'elle est.

Je prends un deuxième exemple très simpliste : si vous attendez d'acheter un château, le jour de cette décision vous serez aux anges, mais tous les jours, toutes les années qui auront précédé auront été mauvais.

D'où l'importance de réapprendre à apprécier les petits bonheurs du quotidien.

➤ *Notez les faits positifs de votre journée*

Dans un premier temps, essayez de noter au moins cinq faits positifs que vous avez vécus dans votre journée. Si vous en trouvez plus, c'est parfait.

Ce peuvent être :

- Une soirée au cinéma ;
- Un dîner entre amis ;
- Une partie de tennis ;
- …

Même si ces exemples-là ne représentent pas des « châteaux », ce ne sont malgré tout pas des activités que vous faites tous les jours.

Alors, dans un deuxième temps, essayez de rajouter des petites choses :

- J'ai mangé un pain au chocolat ;

- J'ai entendu un oiseau chanter ;
- Un copain m'a passé un coup de fil ;
- Quelqu'un m'a souri ;
- …

Des exemples comme ceux-là, vous en vivez des dizaines chaque jour.

Cet exercice vous aidera à prendre du recul et à relativiser : « Finalement, ma journée n'était pas si pourrie que cela. »

Les « qualités » que je mets en œuvre

De même que pour les faits positifs, il est important de (ré)apprendre à percevoir les qualités[1] dont vous faites preuve chaque jour. Et il y en a forcément des dizaines : parce que vous êtes quelqu'un de bien, avec vos mérites et vos faiblesses, bien sûr, mais quelqu'un de bien néanmoins.

La difficulté ici est triple :

- Derrière le mot « qualité », nous mettons, tous autant que nous sommes, des grandes idées : altruisme, générosité, empathie, désintéressement, sociabilité ;
- Il n'est pas forcément de bon ton dans notre culture de focaliser sur nos qualités ; le qualificatif qui vient relativement immédiatement est « prétention ». « Il est prétentieux de s'attarder sur nos bons côtés » ;
- Tout cela fait partie de vous, et est donc normal, invisible, et vous n'y prêtez aucune attention.

---

1. Le terme de « qualité » n'est pas le plus exact qui soit, mais je n'en ai jamais trouvé de plus approprié.

La réalité est en fait tout autre. Il n'y a rien de prétentieux à savoir qui vous êtes, et comment vous fonctionnez. C'est « plus légitime » de s'attarder sur vos « mauvais » côtés, que sur vos bons. Et c'est là que le déséquilibre intervient : vous ne prêtez plus attention aux qualités que vous mettez en avant ; elles sont devenues invisibles.

Derrière le terme de « qualité » se cachent en fait de nombreuses choses.

Des « qualités » tournées vers les autres : un petit geste que vous faites (tenir la porte à un voisin dans votre immeuble), une petite bonne action (donner 1 euro à un musicien dans la rue), une petite attention pour quelqu'un (offrir une fleur à un ami).

Des « qualités » tournées vers vous : c'est également le soin que vous portez à vous-même[1] (prendre une demi-heure de plus chaque matin, afin de ne pas stresser d'emblée, vous permet d'être moins nerveux tout au long de votre journée ; vous faire un petit plaisir régulièrement vous permet de ne pas attendre que cela vienne des autres, et d'être frustré si cela ne vient pas).

Il est plus important de noter la situation concrète dans laquelle vous avez mis en œuvre une « qualité » que de chercher à trouver le nom de ladite qualité :

• Laisser passer un piéton qui traverse au feu vert, alors que vous conduisez ;
• Offrir un café à un collègue ;

---

1. Attention : on ne tombe ni dans l'égoïsme ni dans le narcissisme. Il s'agit simplement de prendre soin de vous, dans l'idée d'être « bien » avec les autres. Si vous êtes « mal dans votre peau », comment pouvez-vous être à l'aise avec les autres ? C'est difficilement possible.

• Prendre sur vous et ne pas répondre à une phrase qui vous énerve ;
• Vous écarter pour laisser passer quelqu'un sur l'escalator du métro ;
• …

Ce qui fait une « qualité », au sens où je l'entends, est :
• Quelque chose qui n'est pas obligatoire : personne ne vous oblige à tenir la porte à quelqu'un, vous avez le choix de le faire, ou non ;
• Quelque chose qui n'est pas systématique : un jour vous ramassez le gant qu'un monsieur vient de laisser tomber, un jour vous ne le faites pas. Et ce n'est pas une question d'éducation ou de politesse. Vous pouvez vous dire « il va vouloir m'offrir un café pour me remercier, je ne saurai pas quoi lui dire », « je suis pressé, quelqu'un d'autre va le ramasser » ; et vous pouvez tout simplement ne pas le voir (vous êtes perdu dans vos pensées) ;
• Quelque chose dont vous n'attendez rien : vous ne tenez pas la porte à quelqu'un afin qu'il vous remercie (et s'il ne le fait pas vous ne le lui faites pas remarquer), non, vous le faites simplement et sans réfléchir.

Notez chaque jour au moins trois situations concrètes dans lesquelles vous aurez exprimé une « qualité ». Vous verrez, au début ce n'est pas simple, et progressivement vous en trouverez beaucoup. Puis, à un moment donné, vous aurez comme un déclic, et vous en prendrez conscience au moment même où vous le ferez.

Ou alors vous vous direz : « Tiens, je n'ai pas laissé passer ce vélo, je laisserai passer le prochain que je croiserai. »

Provoquer les plaisirs et les qualités

Si dans votre journée vous n'arrivez pas à en retirer des points positifs (plaisirs et qualités), alors provoquez-les : offrez-vous un gâteau ; appelez des amis qui ne vont pas bien...

Vous ne resterez pas sur l'idée d'une mauvaise journée, et vous en aurez, un peu, contrebalancé les effets négatifs.

Vous vous coucherez plus serein.

Réfléchir à mes projets

Enfin, n'oubliez pas, dans votre bilan régulier, de penser à vos projets, à ce qu'il vous tient à cœur d'accomplir, à ce que vous avez en cours, qu'il s'agisse d'activités ou de projets plus vastes.

Pour ce faire, vous pouvez envisager votre journée comme une année entière, avec des périodes de travail, des vacances, des projets que vous souhaitez voir accomplis, entamés, ou en élaborer d'autres.

Concevez ensuite chaque mois en termes de projets : que voulez-vous avoir réalisé dans ce mois. Faites une liste des choses à faire, des gens que vous aimeriez voir, des amis que vous aimeriez avoir reçus chez vous, des sorties et des voyages que vous aimeriez réaliser.

Vous ne ferez probablement pas toutes ces actions, car elles ne dépendent pas que de vous, mais y réfléchir par avance vous mettra sur la bonne voie pour y arriver.

Vous pouvez ensuite faire de même pour votre semaine et pour votre journée.

Mon agenda du changement

Reportez-vous à : Mon agenda du changement, Bilan – Étape 2, 1. mon positif, 2. mes activités, 3. mes projets, p. 168-171.

Dans votre bilan quotidien, ajoutez les rubriques suivantes :

• Situations passées :

– Mes faits positifs : trouvez-en au moins cinq ;

– Mes qualités : trouvez-en au moins trois.

• Je prévois :

– Demain :
  - Cinq faits positifs ;
  - Trois qualités.

– Cette semaine :
  - Activités ;
  - Amis ;
  - Invitations ;
  - …

– Ce mois-ci :
  - Sorties : aller au théâtre, au cinéma, au concert ;
  - Amis : voir X, Y et Z ;
  - Vacances ;
  - Week-end ;
  - …

– Cette année :
  - Voir le concert de X et la pièce de Y ;
  - Projet 1, 2, 3 ;
  - Vacances ;
  - …

CHAPITRE 3

Je trouve le juste milieu

Si désagréables soient-elles, certaines émotions négatives, ainsi que les situations qui y sont liées, ne pourront jamais disparaître.
Apprendre à les reconnaître vous permettra de ne pas tomber dans l'excès, mais de rester dans le juste milieu.

Il est normal et nécessaire de ressentir des émotions désagréables. L'inverse n'est pas possible.

D'une part parce que personne n'est parfait, et que nous sommes sujets à nos états d'âme, à nos états de tension, et que nous ne pouvons pas nous contrôler en permanence.

D'autre part, parce que ces émotions, si inconfortables – voire source de souffrance – soient-elles, sont utiles dans certaines circonstances.

Faire du tri dans les émotions

Lorsque nous vivons des émotions désagréables, notre première pensée est de nous dire que ce n'est pas normal. Bien sûr ce n'est agréable pour personne. Mais posez-vous la question de savoir si ce que vous avez ressenti était légitime ou non.

Si la réponse est « oui », alors cessez de vous préoccuper et passez à autre chose.

Si la réponse est « non », alors analysez la situation : demandez-vous comment vous auriez voulu réagir ; ce que vous avez pensé ; ce que vous pourriez penser d'autre.

Imaginez que vous soyez dans la rue et qu'une personne ivre morte vous injurie. Vous passez néanmoins votre chemin. Vous serez d'accord que c'est tout sauf agréable. Vous en ressentez donc une émotion négative. Il n'y a cependant rien à changer à la manière dont vous vous êtes comporté. Vous pouvez donc tourner la page, en vous disant que c'est normal, et qu'il n'y a rien d'autre que vous puissiez faire.

Imaginez maintenant que vous soyez dans la rue, que vous croisiez un jeune homme qui vous injurie. Vous passez votre chemin. C'est toujours une situation désagréable. Mais, en plus, vous vous en voulez parce que vous n'avez pas réagi, que vous avez passé votre chemin sans rien dire. Ce n'est donc pas satisfaisant pour vous.

Vous ne pouvez donc pas faire abstraction de ce que vous avez vécu, et faire passer cette situation à la trappe comme la précédente.

Nous trouvons ainsi deux types de situations désagréables. Dans un cas votre émotion est légitime, tout le monde ressentirait la même, et il n'y a rien d'autre à en dire.

Dans l'autre cas, votre attitude ne vous convient pas et il y a des stratégies à mettre en place pour faire en sorte que ce genre de circonstances ne se reproduise plus.

Souvent, dans le premier cas, l'émotion que nous percevons n'est plus la bonne ou est démesurée.

Imaginez que le train dans lequel vous voyagez s'arrête entre deux gares. Vous ressentirez logiquement de la contrariété. Si, par contre, vous êtes plutôt anxieux, voire avez une phobie du train, vous ne percevrez pas cette contrariété, mais une angoisse grandissante. Essayez de ne pas tout « mettre dans le même sac » et réfléchissez à ce que vous avez dû ressentir en premier lieu, ce que les autres peuvent ressentir dans des circonstances analogues.

Reprenez votre petit carnet ou l'agenda du changement que nous vous proposons, continuez de noter les situations désagréables, et classez ensuite les situations en « légitime, il n'y a rien à changer », et « je veux changer les choses ».

Ce faisant vous allez évacuer bon nombre de circonstances qui jusqu'alors vous paraissaient problématiques.

Resituer les responsabilités

Nous avons tendance parfois à prendre contre nous les interventions des interlocuteurs avec qui nous discutons.

Nous l'avons évoqué rapidement, mais en général, cela se produit avec des personnes ayant un défaut de confiance en elles, plus ou moins marqué et qui les conduit à s'exprimer de manière inappropriée.

Sauf que, la plupart du temps, nous le prenons contre nous, comme une faiblesse que nous avons eue ; nous n'avons pas su nous exprimer… alors même que la responsabilité ne nous incombe pas : ce n'est pas contre nous, mais par rapport à l'autre.

Ce renvoi de responsabilité, assorti bien entendu de la compréhension que la personne souffre et que sa réaction en est le reflet, nous permet de ne pas culpabiliser.

De même que vous avez classé vos situations en « légitime », et « il y a quelque chose à faire », classez ces dernières en fonction de l'attitude de votre interlocuteur.

La clef d'observation réside dans le petit schéma des relations aux autres :

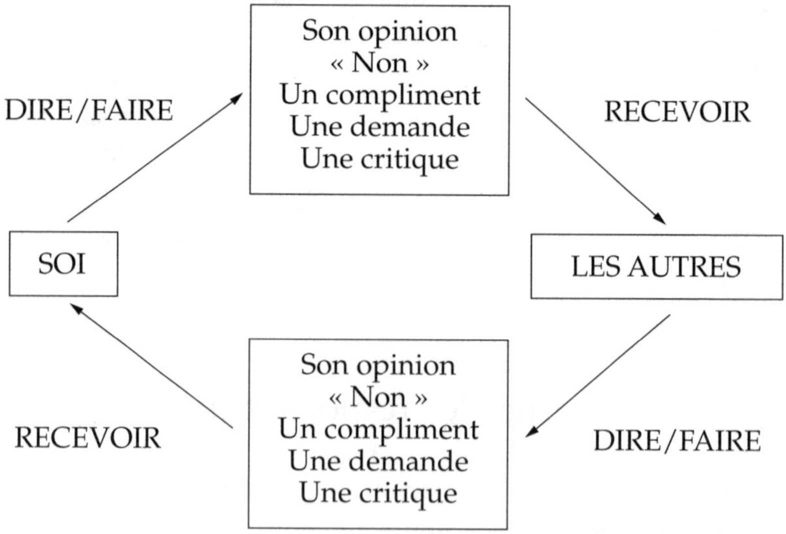

Si vous dites bien les choses dans une conversation, c'est-à-dire sans agressivité, sans provocation, sans chercher à imposer votre point de vue, et si votre interlocuteur réagit mal, c'est que l'échec de l'échange est de son fait.

Observez les autres autour de vous et regardez comment ils se comportent face à des opinions différentes des leurs, lorsqu'on leur refuse quelque chose, qu'on leur fait une demande, une critique (constructive) ou un compliment. Ce sont les grands domaines de la confiance en soi, qui vont vous servir de marqueur et de repère.

Si vous repérez quelqu'un qui reçoit ou formule mal ce genre de choses, dites-vous bien que c'est par rapport à ce qu'il ressent à cet instant précis, et non contre vous. Cela ne vous donne pas les stratégies pour faire face, mais cela vous soulage.

Mon agenda du changement

Reportez-vous à : Mon agenda du changement. Bilan – Étape 3, 1. Je fais le tri, p. 172-173.

Continuez de noter les situations qui ne vous ont pas convenu, et ajoutez les questions suivantes :

- L'émotion que j'ai ressentie était-elle légitime ou non ? En d'autres termes, ai-je bien réagi ou y a-t-il quelque chose à faire pour avancer ?
- Suis-je responsable ou non ?
- Quelle émotion ai-je ressentie, et quelle émotion aurais-je dû ressentir ?

CHAPITRE 4

Je sais gérer

Ne pas tout contrôler, prendre conscience que vous savez rebondir, faire face et vous en sortir : savoir gérer. Et savoir trouver des solutions en vous posant les bonnes questions pour gérer encore mieux la fois suivante.

Il arrive souvent que l'on soit pris au dépourvu, et que nous ne sachions pas comment nous aurions voulu nous comporter dans une circonstance qui ne nous a pas convenu.

Ce que nous savons, c'est que ça ne va pas, mais nous ne savons pas précisément ce que cela voudrait dire « ça a été ».

Replacer les situations dans le contexte

Définissez après coup ce qu'était l'objectif de la situation en question.

En faisant abstraction des qualificatifs et de ce que vous avez pu ressentir.

Regardez alors si vous avez atteint, ou non, votre but.

Si la réponse est oui, alors demandez-vous si vous auriez pu avoir des attitudes plus satisfaisantes pour vous, ou si, finalement, tout va bien ainsi.

Sinon, sans vous en vouloir de ne pas avoir eu un comportement adapté à vos souhaits, dites-vous que vous allez tout faire pour vous améliorer.

S'améliorer

Dans votre bilan quotidien, choisissez l'une des situations qui vous pose problème et définissez ce qui vous aurait convenu comme réaction de votre part. Vous pourrez ensuite, pour une situation ultérieure, trouver les stratégies, les ressources et l'énergie pour la mettre en place.

➤ *Comment j'aurais voulu réagir*

Vous allez d'abord définir votre scénario idéal. Celui qui vous correspondrait à 100 %, si vous étiez seul, c'est-à-dire en faisant abstraction de tout contexte et de la personnalité de vos interlocuteurs.

Une fois que c'est fait, demandez-vous si c'est faisable, au su et au vu de l'environnement et de la personnalité des gens qui intervenaient dans la situation.

Définir son scénario idéal implique de conserver les comportements des intervenants tels quels, mais de changer la fin de l'histoire, votre manière de vous comporter et la vôtre uniquement.

C'est l'histoire classique du serveur au restaurant qui vous apporte un steak trop cuit alors que vous l'aimez saignant. Le scénario idéal serait qu'il vous apporte d'emblée le bon steak. Oui, mais vous ne pouvez pas changer tous les personnages, juste le vôtre.

L'idée est peut-être de lui demander de vous en apporter un autre.

Il vous faut ensuite savoir si votre hypothèse est envisageable, de voir les tenants et aboutissants, et d'étudier si elle est transposable dans la réalité.

➤ *En fonction de la réalité*

Dans l'exemple du steak, la plupart du temps, le contexte vous permet de le refuser et d'en demander un autre, plus à votre convenance.

Sauf si vous n'avez pas le temps.

C'est ce qui m'est arrivé un soir où j'allais au concert et où ma salade n'avait visiblement pas été lavée. Je n'avais pas le temps d'en demander une autre, aussi ai-je mangé le reste, tout en le signalant au serveur, et en demandant une ristourne.

J'ai adapté mon scénario en fonction de la réalité du moment.

Encore une fois : pas d'absolu, mais des stratégies dont vous testez la viabilité.

Vous avez maintenant défini votre scénario idéal, et vous l'avez confronté à la réalité. Vous savez alors comment vous comporter, quelles sont les attitudes que vous souhaitez mettre en place.

Il vous reste à accepter que, par manque de pratique, vous ne serez pas à l'aise. Dans un premier temps. Car petit à petit vous allez prendre de l'assurance.

Diminuer la peur et l'anxiété

Face à une émotion désagréable, le réflexe normal est de tout mettre en œuvre pour la faire cesser. La conduite la plus simple, et que nous employons tous spontanément, est alors de quitter la situation responsable de cette sensation désagréable : par exemple, si j'ai peur parce que je suis au bord d'une terrasse et que j'ai le vertige, je vais quitter cet endroit le plus vite possible, et mon angoisse cessera rapidement.

On parle ainsi d'évitement (car on évite la situation redoutée). C'est l'une des possibilités d'adaptation à une situation pénible. Il peut cependant arriver que l'émotion douloureuse soit liée à une interprétation non pas exacte, mais exagérée de la réalité. L'évitement peut alors ne pas être adapté. Supposez que vous vous cassiez une jambe en faisant du ski. Il est légitime d'éprouver ensuite une appréhension lorsque vous remonterez sur des planches. Si par contre vous évitez ce sport définitivement par peur d'un autre accident, voire par peur de mourir, votre réaction est démesurée, et non pas en rapport avec la réalité.

Replacez ces situations dans le contexte, en séparant artificiellement l'objectif de vos émotions et félicitez-vous d'avoir été au bout de votre peur.

Acceptez celle-ci comme légitime, dans un premier temps, car avec la pratique et l'anticipation, vous allez réussir à la faire diminuer puis disparaître.

Mon agenda du changement

Reportez-vous à : Mon agenda du changement. Bilan – Étape 3, 2. Je gère, p. 174-177.

Vous continuez de décortiquer les situations qui vous ont posé problème.

À ce que vous notez déjà, ajoutez désormais :

• Comment j'aurais voulu réagir idéalement. Est-ce possible ou non ?

• Quel était mon objectif ? L'ai-je atteint ou non ?

CHAPITRE 5

J'anticipe

Anticiper une situation dans laquelle vous savez que vous ne serez pas à l'aise est la meilleure manière de la vivre bien.
Quelques règles d'anticipation pour une bonne pratique.

Dans votre bilan quotidien, gardez une place pour les situations que vous allez vivre prochainement, le lendemain, ou dans la semaine, et dans lesquelles vous craignez de ne pas être à l'aise.

Prenez d'abord le temps d'en bien définir l'objectif et acceptez que votre malaise ne disparaisse pas spontanément. Que cela se fera, progressivement.

Accepter de ne pas être à l'aise

Comme nous l'avons déjà évoqué, chaque situation peut se décomposer en sentiments (ce que vous ressentez) et en objectif pur, basique.

Il vous faut séparer ces deux catégories, artificiellement, pour focaliser sur le but du jeu, et accepter de n'être pas à l'aise, mais d'avoir atteint votre but.

Au lieu de focaliser sur ce que vous ressentez, vous portez ainsi votre attention et vos efforts sur ce pourquoi vous êtes là, et vous vous rendez compte que, malgré le sac de cailloux que vous portez sur le dos, vous êtes capable de courir le marathon et, en plus, de passer la ligne d'arrivée en même temps que les autres.

Que donc votre sac de cailloux, si lourd et si douloureux soit-il, ne vous empêche pas d'être efficace. Qu'il n'est donc pas invalidant.

De voir les choses ainsi vous le rend automatiquement moins lourd, et donc diminue votre malaise.

Reste à vous donner les outils pour bien vivre la situation dans le moment.

La trousse à outils

Ce que j'appelle les outils, ce sont toutes les solutions possibles pour vous permettre de vivre au mieux la situation que vous n'aimez pas.

Je vais prendre l'exemple du métro.

Si je pose la question : « Aimez-vous le métro ? », les gens me répondent la plupart du temps que ce n'est pas quelque chose qu'ils aiment (au sens premier du terme), mais qu'ils le prennent.

Et que font-ils pendant ce temps ? Que faisons-nous tous ? Nous regardons les autres, les écoutons, lisons par-dessus leur épaule, écoutons de la musique, lisons les affiches... bref, nous nous occupons l'esprit.

C'est cette trousse à outils qu'il vous faut anticiper et emporter avec vous.

Le but du jeu n'est pas d'aimer le métro, mais d'être capable de le prendre, sans y penser, comme tout le monde. Comme tout le monde ! Donc en utilisant les mêmes trucs que tout un chacun.

Et je peux vous dire que ça marche, très vite même, car les gens redeviennent insouciants !

Donc pensez à la situation qui vous préoccupe et préparez toutes les stratégies qui vous permettront d'aller le moins inconfortablement possible jusqu'au bout.

Pour les transports, prévoyez-vous un journal (pas trop compliqué), des jeux, téléphonez, écrivez une lettre...

Pour une réunion, prévoyez-vous une porte de secours. Si vous craignez de vous trouver coincé, anticipez en disant quelque chose du genre : « J'attends un appel important, alors j'ai mis mon téléphone sur vibreur, et s'il sonne, je serai obligé de sortir », ou « Je ne suis pas très à l'aise en ce moment, avec toutes ces épidémies de grippe et de gastro, j'espère ne pas en avoir attrapé une ! ».

Rien de tout cela n'est vrai bien sûr, mais c'est ce qui vous permet de ne pas vous sentir coincé et de tenir.

D'expérience, vous n'aurez jamais besoin d'utiliser votre porte de secours.

Envisager le pire pour qu'il ne se réalise pas

Souvent nos craintes se verbalisent en « Ça ne va pas aller, je n'y arriverai pas, c'est trop difficile ». Ou bien vous espérez que, pour une fois, vous allez agir comme vous le souhaitez, idéalement.

Comme ni le pire ni l'idéal ne se produisent, vous êtes automatiquement déçu.

Le plus efficace est de décortiquer le pire, de définir ce que vous mettez derrière et d'en envisager chaque étape.

Bien l'imaginer revient à imaginer chaque instant de la situation que vous vous apprêtez à vivre.

En faisant un jeu de questions-réponses dans lequel vous trouvez la réponse que vous pouvez faire à une question ou à une phrase que vous craignez.

Vous craignez d'arriver en retard à un examen, alors vous pouvez mettre plusieurs réveils, vous faire appeler par un ami, prévoir un taxi, une voiture de rechange.

Une fois à l'examen, vous vous dites que vous risquez de renverser votre café, alors emportez un pull de rechange.

Que vos stylos n'écriront plus : emportez-en trop.

Que vous aurez la bouche sèche : une petite bouteille d'eau.

Que l'examinateur vous dira « ça et ça » : préparez vos réponses.

Pas uniquement verbales, mais également en termes d'attitude : imaginez que vous êtes en train de boire une gorgée avant de lui répondre... Imaginez tous les obstacles que vous craignez de voir se dresser sur votre route.

Ce faisant, vous vous donnez les moyens de les franchir.

Avoir imaginé le pire, dans le bon sens du terme, vous y a préparé. Si bien que, si un des éléments se produit, vous n'êtes pas pris au dépourvu et êtes alors capable de répondre.

S'entraîner

Pour être vraiment prêt, il vous faut réviser. Ce que nous appelons la répétition en imagination.

Chaque fois que vous en avez l'opportunité, pensez à votre scénario, et jouez-le dans votre tête, avec les questions, les réponses et vos stratégies.

Vous vous préprogrammez et vous vous facilitez la vie pour le moment venu.

Vous pouvez inclure dans votre répétition une séquence « détente », dans laquelle vous faites venir votre scénario mental de détente[1].

Cela vous évitera trop de stress ou de pression.

S'encourager et se motiver

Une fois votre objectif atteint, félicitez-vous.

Car cela n'a pas été facile ni sans douleur.

Il n'est pas évident de courir le marathon un sac de cailloux sur le dos. Et pourtant, c'est ce que vous avez fait.

Alors, vous avez vraiment toute légitimité à vous dire « bravo » : pour vous c'est difficile, et cela seul suffit.

---

1. Voir chapitre 8, p. 139.

Et dites-vous : « Je l'ai fait, donc la prochaine fois je le ferai aussi, et ce sera moins difficile », afin de sortir du cercle vicieux dans lequel vous êtes pris.

Si bien que la fois suivante, avant de rentrer dans une situation difficile, vous vous direz : « La dernière fois je l'ai fait, donc aujourd'hui je vais le faire aussi, et ce sera moins difficile. »

Ce faisant vous vous préprogrammez et vous commencez à vous déshabituer.

🕮 Mon agenda du changement

Reportez-vous à : Mon agenda du changement. Bilan – Étape 4, p. 178-179.

En plus des situations passées, ajoutez une rubrique « Demain, je prévois de faire », avec des situations à venir que vous savez craindre ou ne pas apprécier : vous pourrez ainsi les préparer efficacement.

- Situation que j'appréhende.
- Je définis mon objectif (minimal) pour cette circonstance.
- Je définis clairement ce que je crains.
- J'envisage, étape par étape, le scénario du pire.
- J'envisage, en réponse et étape par étape, toutes mes solutions stratégiques et tactiques possibles pour y faire face.
- Je prépare ma « trousse à outils ».

Par exemple :

– Écouter les conversations dans le métro.
– Observer les gens.
– Un livre, des mots croisés, un CD d'apprentissage de l'anglais.
– Téléphoner à quelqu'un de proche.
– Faire semblant d'avoir reçu un appel.
– …

• Je répète.
Par exemple :
– Dans la voiture.
– Dans le bus.
– À mon bureau avant de partir.
– Le soir avant de me coucher.
– …
• Après coup, je regarde si j'ai atteint mon objectif :
– Si oui, je me félicite et me dis que la prochaine fois je serai également capable d'accomplir la même chose.
– Si non, cette situation passe dans la rubrique des situations qui ont posé problème et auxquelles vous souhaitez trouver une solution.

CHAPITRE 6

J'ose à bon escient

S'affirmer à bon escient implique d'avoir une bonne connaissance de soi et des autres. D'être capable de ne pas tout prendre contre soi et d'obtenir la compréhension des autres, de savoir que leurs attitudes sont le reflet de leurs difficultés.

Le registre de l'affirmation de soi est l'un des plus complexes qui soit, car il dépend de vous mais aussi des autres, des circonstances et du contexte.

Ainsi, personne (très peu de monde) ne peut être sûr de soi en permanence, c'est-à-dire avec tout le monde et dans toutes les situations : demander son chemin dans la rue n'a pas le même poids que demander une augmentation à votre patron ; dire non à votre frère ne revêt pas la même difficulté que dire non à votre supérieur hiérarchique...

Ce qui est plus important est d'avoir de l'assurance, mais ni trop ni trop peu.

Donner son avis n'est pas un domaine simple : vous pouvez donner votre opinion un jour, et vous taire le lendemain ; avoir envie de convaincre votre interlocuteur, ou vous laisser convaincre.

Sachez donc vous exprimer à bon escient.

Dire son opinion

• Parce que vous avez un avis sur la question dont vous discutez.
• Sans chercher absolument à avoir raison et à convaincre : chacun a son opinion, il n'y en a pas une bonne ni une mauvaise, mais deux idées différentes.
• Laissez du temps aux autres : vous exprimez une idée qui n'est pas la leur. Vous n'êtes pas arrivé à cette conclusion sans réfléchir, acceptez que ce soit pareil pour les autres. Il est possible que votre idée fasse son chemin, et que votre interlocuteur change d'avis au bout d'un certain temps, comme il est possible qu'il reste sur son point de vue.
• N'attendez rien en retour : vous donnez une idée, rien de plus.
• Ne la donnez pas systématiquement. Il y a des moments où cela n'en vaut pas la peine :
   – Si vos idées sont trop éloignées les unes des autres ;
   – Ou si vos interlocuteurs ne sont pas réceptifs.

Accepter celle des autres

Que quelqu'un ait une idée différente de la vôtre ne signifie pas que vous avez tort, simplement que vous avez deux points de vue différents sur la question.

Ce n'est pas une prise en défaut de votre personnalité.

Encore une fois, il n'y a aucun jugement de qualité personnelle derrière l'expression d'une opinion.

Et échanger sur la question

Le but est d'échanger, de faire avancer le débat et de l'enrichir, non d'aller au conflit.

Si votre interlocuteur n'accepte pas votre opinion, c'est qu'il ne sait pas recevoir une opinion différente de la sienne, et par là même qu'il montre un léger défaut d'affirmation de soi : cela ne vient pas de vous, mais de lui.

Dites votre opinion à bon escient, dans le but de faire progresser le débat, et non de convaincre envers et contre tout.

Acceptez que les autres puissent avoir une idée différente de la vôtre.

🕮 Mon agenda du changement

Reportez-vous à : Mon agenda du changement, Bilan – Étape 5, 1. J'observe les autres, p. 180-181.

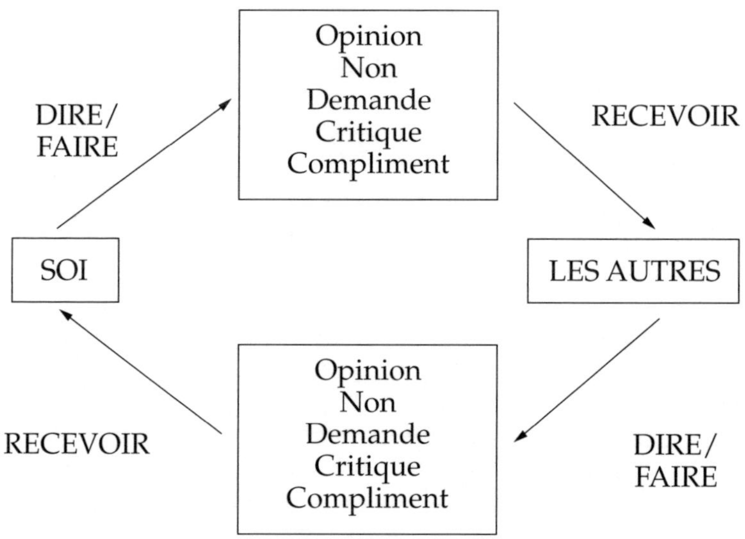

Choisissez chaque jour deux personnes de votre entourage, et observez-les. Notez si dans les situations du schéma ci-dessus des relations aux autres, elles se comportent de manière juste affirmée (ni agressive ni provocatrice et ne cherchant pas à avoir absolument raison), peu affirmée (ne disant que peu les choses) ou trop affirmée (ne recevant rien, et disant les choses de la mauvaise manière).

• J'observe X :

– Situation 1 : je la décris et je décris son comportement, puis j'en cherche le qualificatif.

– Situation 2 : appliquez le même principe.

• J'observe Y :

– Situation 1 : je la décris et je décris son comportement, puis j'en cherche le qualificatif.

– Situation 2 : appliquez le même principe.

CHAPITRE 7

Je m'inspire des bons côtés des autres

De bons aspects chez vous, mais également chez les autres. Ces autres qui ne sont ni si cyniques ni si méchants, mais normaux, comme vous, et pleins de qualités.

Penchez-vous sur vos concitoyens et observez-les autrement.

Vous avez acquis une compréhension de leur souffrance, ce que l'on pourrait appeler de la compassion.

Apprenez maintenant à voir leur positif.

Leurs actes gratuits

Prenez conscience de tous les actes gratuits que font vos concitoyens : vous tenir la porte, ne pas vous faire payer le changement de roue de votre voiture, vous offrir un fruit pour votre enfant, décorer leur maison à Noël pour vous en faire profiter…

Autant de gestes qui sont le reflet de leurs qualités, et non de leur éducation (ou pas seulement) : gratuits (ils n'en attendent rien en retour), non obligatoires (ils ont le choix de ne pas les faire) et non systématiques (parfois ils les font, parfois non).

Remontez le chemin des générations passées

Choisissez régulièrement un point de chute pour votre réflexion et imaginez alors ce qu'il a fallu à vos ancêtres pour vous permettre d'en arriver où vous êtes.

Vous verrez, c'est vertigineux et cela vous replace dans l'univers de manière fulgurante.

Faites cela au moins une ou deux fois par semaine.

Choisissez un objet, n'importe lequel et laissez partir votre imagination.

Commencez par être descriptif : que voyez-vous ? Quelles personnes ont produit cela ? Quel corps de métier ? Et avant ? Et encore avant ?

Par exemple une route sur laquelle je circule.

Il y a du bitume, donc des ouvriers, qui ont des machines, des gants, des tenues de travail, des casques… De l'essence, un moteur, une roue…

Et avant ? Quelqu'un a créé un raccourci en allant régulièrement d'un point à un autre. D'autres ont élargi le sentier, d'autres encore ont tracé des routes, les ont pavées… Des gens qui sont, pour de nombreuses routes, les Romains !

Allez vers les autres

Certaines cultures ont un sens de l'accueil plus développé que d'autres.

C'est ainsi qu'une jeune femme née à Tahiti me disait combien la vie en métropole lui était pesante, que les gens ne se parlent pas lorsqu'ils se croisent, qu'ils ne vont pas vers les autres.

C'est un bienfait pour tout le monde que d'échanger, ne serait-ce que quelques mots gentils avec quelqu'un qui croise votre route.

La serveuse au restaurant, la dame qui promène son chien, votre gardien, la standardiste au bureau, un voisin sur le quai du métro…

Qu'est-ce que cela vous apporte ?

Un petit moment agréable.

Rien de plus.

Et c'est comme un rayon de soleil qui éclaire votre journée.

Mettez-les bout à bout et vous parlez de tout et de rien avec tout le monde.

➤ *Savoir de quoi parler*

Aborder les gens se fait en tenant compte du contexte.

Si vous êtes à l'arrêt de bus ou sur le quai du métro : « Il y a longtemps que vous attendez ? »

Si c'est l'heure de pointe : « C'est la jungle aujourd'hui, qu'est-ce qu'on est serré ! »

La dame qui promène son petit chien quand il vient vers vous : « Il n'est pas farouche. »

Au restaurant : « Vous avez l'air d'un habitué, que me conseillez-vous ? »

À la serveuse : « Ce n'est pas trop difficile aujourd'hui ? Il y a foule. »

➤ *Aborder les autres*

Vous ne pouvez aborder quelqu'un qui est trop loin ou qui ne vous regarde pas.

Vous ne pouvez pas aborder quelqu'un sans avoir au préalable capté son attention. Cela implique que vous soyez à bonne distance : ni trop près ni trop loin (à bout de bras). Ensuite, il faut que vos regards se croisent.

Entraînez-vous d'abord en observant et en réfléchissant avant de vous lancer. Prenez une semaine, quinze jours, ou le temps qu'il vous faut pour vous sentir à l'aise. Chaque jour observez vos concitoyens, et choisissez-en un au hasard. Un, bien sûr, qui se trouve à bonne distance et dont vous croisez le regard. Observez le contexte, et demandez-vous ce que vous pourriez lui dire pour l'aborder. Ensuite, une fois que vous serez à l'aise avec cet exercice, lancez-vous.

En pratiquant régulièrement, vous apprendrez à rebondir sur la parole de l'autre, à parler de vous et à vous sentir à l'aise. Si bien que cela deviendra une seconde nature et que vous le ferez spontanément.

🕮 Mon agenda du changement

Reportez-vous à : Mon agenda du changement, Bilan – Étape 5, 2. Les bons côtés des autres, 3. Le chemin des générations passées, p. 182-184.

Continuez votre bilan quotidien et enrichissez-le des rubriques suivantes.

• Les bons côtés des autres

Je choisis trois personnes et je trouve :

– Leurs cinq points positifs ;

– Leurs trois qualités.

• Le chemin des générations passées

Chaque jour je choisis un thème et je l'explore.

Par exemple :

– La musique à la radio ;

– Les routes ;

– Les villes ;

– …

• Je vais vers les autres

– Je les observe. Chaque jour, je choisis une personne et je l'observe pour réfléchir à ce que je pourrais lui dire ;

– Je me lance. Chaque jour, je choisis une personne, j'observe le contexte et je me lance.

CHAPITRE 8

Je prends du temps pour moi

Penser à soi dans le bon sens du terme, c'est commencer par prendre du temps pour soi. Pour se détendre, faire un break et être capable de repartir serein et efficace.

Apprendre à se détendre recouvre deux concepts : déjà avoir l'« idée » de faire une pause, de souffler ; apprendre à se détendre lorsqu'on est tendu : c'est le principe de la détente active.

La détente active

Le principe est d'être capable de vous détendre à la demande, sur un « clic », en un instant.

Si vous faites disparaître votre tension, vous devenez apte à réfléchir plus efficacement et d'aborder les problèmes de manière plus sereine.

Vous allez apprendre à créer un lien entre votre état de détente et un stimulus externe, un scénario de pensée. Celui-ci sera alors capable d'induire instantanément une détente complète.

➤ *Vos moments de détente*

La détente se manifeste de deux façons :

• Votre esprit se vide de ses soucis et il vagabonde sans objet précis ;

• Vos muscles ne sont plus le siège d'aucune tension.

Atteindre cet état de relâchement nécessite selon les personnes entre quinze et trente minutes.

Identifiez les moments de votre vie quotidienne pendant lesquels vous vous détendez complètement.

Ce peut être :

• Pendant votre bain ou votre douche (si elle dure suffisamment longtemps) ;

• En restant dans votre fauteuil ou sur votre canapé à écouter de la musique en parcourant un magazine ;

• En promenant votre chien sans plus penser à rien ;

• En préparant le repas ;

• En faisant le ménage ;

• En regardant une série à la télévision ;

• …

Il n'y a pas un moment particulier, mais des moments qui vous correspondent, différents pour chaque personne et selon les moments de votre vie. Ce sont ces moments pendant lesquels vous prenez votre temps et après lesquels vous vous sentez bien, détendu.

➤ *Imaginez un scénario reposant*

Pensez à un contexte que vous aimez particulièrement. Souvent les personnes identifient ainsi la nature (montagne, forêt, campagne) ou la mer (plage, voilier).

Vous allez maintenant imaginer la situation le plus complètement possible, avec le plus de détails : les bruits, les odeurs, les sensations physiques (vent et chaleur sur votre peau, sol sous vos pieds nus), ce que vous pouvez voir…

Ce peut être une situation que vous avez déjà vécue, à condition que cela ne vous dérange pas de l'associer à un « exercice », ou une situation que vous allez inventer de toutes pièces.

Ça doit forcément être une situation de détente, de nonchalance. Si vous êtes sur un bateau, vous ne le gréez pas, mais n'en êtes que simple passager. Si vous êtes en montagne, vous ne pratiquez pas d'escalade, mais vous promenez tranquillement.

➤ *Associez la détente et le scénario reposant*

Vous avez identifié les circonstances dans lesquelles vous vous détendez. Vous allez les provoquer le plus régulièrement possible.

Une fois que vous êtes détendu, prenez cinq minutes supplémentaires pour systématiquement faire venir le scénario que vous avez créé.

Si vous faites cela tous les jours, il vous faudra une quinzaine de jours, environ, pour créer le lien entre les deux.

Vous pourrez alors utiliser votre scénario dans des moments où vous ressentez le besoin de vous détendre : des moments de tension ou de stress ; l'envie de faire une pause et de vous évader ; pendant une conversation ennuyeuse ; pour vous recentrer lors de l'animation d'un séminaire…

Cela ne remplace pas vos propres moments de détente, ceux que vous appréciez et qui sont les vôtres.

Mes moments de détente

Il est fondamental pour chacun de nous d'avoir des moments de détente, des *breaks* dans une journée active.

➤ *La tension au cours d'une journée*

Votre journée est une alternance de tensions et de détentes :

- Je me lève, je stresse à l'idée de la journée à venir.
- Je me détends en prenant mon petit déjeuner.
- Je stresse dans les transports.
- J'arrive au bureau, je me détends en parlant avec les collègues.
- …
- Le soir, je me couche et dors pour repartir de zéro le lendemain.

Lorsque l'on est particulièrement tendu, la journée est également une alternance de tensions et de détentes, mais les détentes sont brèves, voire inexistantes.

La tension monte tout au long de la journée.

Le sommeil n'est pas suffisamment réparateur pour repartir de zéro le lendemain matin.

La tension s'accumule tout au long de la semaine.

Et redescend le week-end lorsque vous prenez plus de temps pour vous.

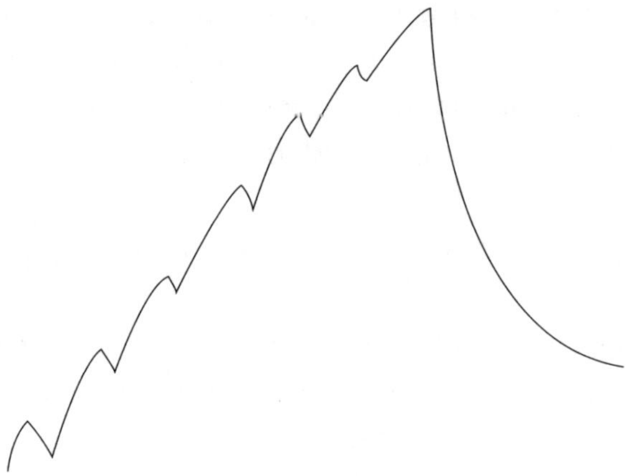

➤ *Les pauses*

Vous pouvez lutter contre ce phénomène en faisant des pauses dans votre journée. Ménagez-vous cinq minutes de détente le matin, cinq minutes l'après-midi. Faites des mouvements d'étirement pour détendre vos muscles et essayez de ne penser à rien, de laisser vagabonder votre esprit, en laissant passer les pensées qui vous viennent sans y prêter attention.

La pause correspond à une détente de vos muscles et de votre esprit.

L'image la plus parlante pour moi est celle de Jean-Pierre dans le feuilleton *Ma sorcière bien-aimée* : il rentre chez lui, s'installe confortablement dans son fauteuil (il détend ses muscles), lit son journal (il se vide l'esprit) et boit un verre[1] (pas forcément de l'alcool).

Voilà typiquement ce qu'il vous faut reproduire.

Alors prenez cinq minutes le matin, cinq minutes l'après-midi, pour trouver ce qui vous correspond : feuilleter les pages d'un magazine, regarder les prévisions météo, écouter de la musique...

Vous pouvez commencer par l'« idée de la pause » : deux secondes et demie de répit (oui, vous les avez, mais vous ne les voyez pas) dans votre journée, ne serait-ce qu'en voyant un rayon de soleil, en entendant chanter un oiseau sur le bord de votre fenêtre...

Allez plus loin, ensuite, en changeant l'idée que vous vous faites des choses.

Faire des choses pour vous peut aussi bien revenir à faire des choses pour les autres, sachant que, dans le fond, c'est pour vous que vous les faites.

Par exemple vous occuper de vos enfants. Si vous avez décidé d'avoir des enfants, c'est bien que vous en aviez envie, et que cela vous faisait plaisir.

J'entends trop souvent des femmes me dire : « Je ne pense pas assez à moi, je n'ai pas de temps pour moi. » Sans tomber dans un absolu, prendre du temps pour vous n'a de sens que si cela entre dans le sens de votre vie. Si, pour vous, vous occuper de vos enfants, être disponible pour eux et jouer avec eux correspond à vos attentes, alors ne cherchez pas plus loin et profitez d'eux au lieu de vous lamenter sur le temps que vous n'avez pas et dont vous n'avez pas envie.

---

1. Sans entrer dans les détails, le stress a une action physiologique et il rend la bouche sèche. D'où l'importance de boire.

Tel ce papa, qui me raconte son emploi du temps de fou, à rentrer chez lui au minimum à 22 heures, et à travailler le week-end. Et qui se désespère de ne pas voir sa petite fille de 2 ans. « Pour les vacances, nous avons besoin de nous retrouver avec ma femme, alors nous allons confier notre fille à de la famille. »

Je comprends bien ce qu'il veut dire. Mais, dans le fond, j'avoue que je ne comprends pas ! Car, le connaissant, sa fille lui manque. D'accord, il est important d'avoir du temps pour sa femme et pour lui, mais au prix de ne pas voir sa fille ?

La conclusion, encore une fois, est qu'il ne faut pas tomber dans un absolu, qu'il vous faut être à votre écoute, et ne pas tomber dans l'égoïsme sous prétexte de trop vous écouter ou de trop écouter les influences de l'extérieur.

🕮 Mon agenda du changement

Reportez-vous à : Mon agenda du changement, Bilan – Étape 6, p. 185-186.

Je pense à moi

• La détente active :

– Identifiez tous vos moments de détente ;

– Construisez votre scénario ;

– Associez les deux ensemble au moins une fois par jour.

• Les pauses :

– Programmez-en une le matin et une l'après-midi (Ce peuvent être des pauses « détente active »).

CHAPITRE 9

Je change mon regard

Faire les mêmes choses dans un autre état d'esprit, alors envolées les tâches ingrates, les corvées, la course contre la montre !
De toute façon, vous n'avez pas le choix.

Choisissez de ne plus subir, et faites les mêmes choses avec un regard neuf.

Trouver son étiquette

Votre étiquette est un mot, un verbe souvent, qui chapeaute tout ce que vous faites.

Qui vous permet de donner un sens à votre vie.

Qui vous évite de vous égarer sur un chemin de traverse.

Qui vous permet de prendre du recul et de développer votre esprit critique.

➤ *Mes activités*

• Dressez une liste de toutes vos activités, de toutes celles que vous avez pratiquées dans votre vie et de toutes celles que vous aimeriez ou auriez aimé faire. Penchez-vous sur vos activités aussi bien professionnelles que familiales, de loisirs…

Notez également celles que vous avez commencées, sans arriver au bout (par manque de temps, de moyens, de disponibilité…).

• Reprenez-les une à une, et notez, en face de chacune, pourquoi vous les aimez, ce qu'elles vous apportent, quelles qualités, compétences ou capacités elles nécessitent.

Faites une liste des qualificatifs pour chacune d'entre elles.

• Confrontez vos qualificatifs.

Vous en trouverez un ou plusieurs qui reviennent régulièrement.

Choisissez celui qui vous semble le plus approprié, qui englobe le plus grand nombre des autres qualificatifs.

Ce peut être par exemple :

- transmettre,
- évoluer,
- apprendre,
- éveiller,
- sensibiliser,
- influer,
- montrer,
- épanouir,
- développer,
- inciter,
- organiser,
- prévoir,

– donner,
– aider,
– exprimer,
– réussir,
– accompagner…

• Testez-le dans les situations de votre vie quotidienne.

S'il ne vous permet pas d'en intégrer une majorité, c'est qu'il n'est pas adapté. Choisissez-en un autre et réessayez.

➤ *J'y intègre mes mauvais moments*

Reprenez alors votre bilan quotidien.

Dans les situations qui ne vous ont pas convenu, un certain nombre d'entre elles changeront de catégorie quand vous les confronterez à votre étiquette.

Vous mettre en colère avec un collègue ? C'était légitime, car ça ne vous permettait pas d'avancer. Ce n'est pas satisfaisant pour autant, et il y a peut-être une autre solution à trouver, mais, au moins, ça vous empêchera de culpabiliser.

Reprenons l'exemple du monsieur dont l'étiquette est « éveiller ». Lorsqu'il devait encadrer des enfants, il y allait à reculons car il ne se trouvait ni à l'aise ni bon pédagogue. Une fois qu'il eut défini son étiquette, il se rendit compte que son impression n'était pas le reflet de la réalité : il était au contraire particulièrement efficace lorsqu'il intervenait dans les chamailleries et les bagarres des enfants. Là il pouvait réellement les éveiller les uns aux autres. Prenant conscience de ce fait, il s'est mis à apprécier de s'occuper des enfants.

S'en tenir aux faits

Nous avons vu que dans chaque situation négative, nous cessons de réfléchir de manière cohérente : nos pensées ont la même coloration que nos émotions. Alors qu'elles sont mélangées entre des bonnes et des moins bonnes dans les moments « normaux ».

Deux tiers de pensées rationnelles, un tiers de pensées négatives.

C'est le rapport qu'il y a dans nos pensées lorsque nous vivons des « bonnes situations ». Nos comportements sont adaptés et nos émotions agréables.

Ce ratio de un tiers de pensées négatives est le contrepoids qui fait que nous ne sommes pas en permanence euphoriques[1]. Nous sommes bien, ni trop ni trop peu.

➤ *Les pensées rationnelles*

Lors de nos moments désagréables, nous perdons ce rapport entre les pensées rationnelles et les pensées négatives. C'est pourtant cela qui nous permet de gérer les situations difficiles en prenant du recul.

Il est ainsi important d'apprendre à retrouver cette manière d'appréhender la réalité.

Il ne s'agit pas de nier que le scénario catastrophe (pensée négative) puisse exister, mais de se dire que nous n'en avons aucune preuve, et que, peut-être, il y a une autre manière de voir les choses.

---

1. Nous pouvons bien évidemment connaître des moments d'euphorie, mais pas chaque fois que nous vivons quelque chose d'agréable. Cela reste exceptionnel.

Pour une situation donnée, que vous avez relevée dans votre bilan quotidien, repérez d'abord quelles pensées vous viennent à l'esprit. Puis essayez d'élaborer des alternatives. Pour cela, vous pouvez vous imaginer dans la position inverse en vous disant : « Qu'est-ce qui me pousserait, moi, à agir ainsi ? »

Cela vous aidera.

Ce n'est pas un exercice facile, mais vous verrez qu'en le répétant régulièrement il vous deviendra de moins en moins ardu. Vous verrez également que les situations désagréables se feront de moins en moins nombreuses, du fait même que vous aurez changé votre façon de voir.

➤ *Les faits*

L'idée qui se cache derrière les pensées rationnelles est qu'il y a une autre explication au scénario « catastrophe » que nous imaginons.

C'est pour cela, comme je l'ai déjà évoqué, que j'aime bien ajouter à ce que nous pouvons penser d'autre « tout ce à quoi je ne penserai jamais ». Car nous ne sommes pas dans la tête des gens ; ce que nous envisageons correspond à notre manière d'être et non à la leur ; nous n'aurons que rarement l'explication, de leur part, de leur attitude.

Si trouver d'autres manières de penser est fondamental, c'est surtout une étape sur le chemin qui vous conduit à ne plus vous poser de questions.

En effet, dans la plupart des situations négatives, notre « petit vélo » mental a une fâcheuse tendance à démarrer et à ne plus s'arrêter. C'est le cercle vicieux.

Or, en recherchant des pensées alternatives, je demande encore à mon petit vélo de fonctionner. Dans la bonne direction d'accord, mais il n'en demeure pas moins que mon cerveau est encore en train de cogiter.

Ce qui est fatigant.

Reprenons le cheminement de mon désamorçage des pensées négatives :

• Prendre conscience de l'illogisme du scénario catastrophe ;
• Avoir conscience de vos pensées négatives ;
• Trouver ce que vous pouvez penser d'autre ;
• Vous dire que la réalité est sans doute autre et qu'il y a une autre interprétation possible ;
• Pour faire tomber votre niveau d'émotion.

Au final, le but recherché est de diminuer, voire supprimer votre émotion négative.

Une fois que vous avez conscience de toutes ces étapes, vous pouvez... les shunter et passer directement à la dernière.

La méthode est redoutable d'efficacité, mais ne fonctionne qu'une fois que vous en avez compris le principe.

Il s'agit de vous en tenir aux faits, et rien qu'aux faits, en étant descriptif et, j'ajouterai, basique.

Vous ne laissez alors aucune place aux émotions, pas plus qu'aux pensées négatives.

Imaginons que vous croisiez un chauffard sur l'autoroute qui vous fasse une queue-de-poisson. Et vous, aussitôt, de le traiter de tous les noms d'oiseaux possibles, de vous énerver après lui, éventuellement de vouloir le rattraper et lui dire ses quatre vérités, voire plus.

La première méthode consiste à se dire que, peut-être, sa femme est en train d'accoucher, que son fils est à l'hôpital, que son frein est cassé, ou ce que vous voulez d'autre (du genre : il a fait tomber son sandwich sur la pédale d'accélérateur qui glisse).

Cela vous demande de l'énergie mentale.

Ou, alors, vous pouvez tourner en boucle sur le fait : « Une voiture vient de me doubler à grande vitesse. »

Quand je dis « tourner en boucle », c'est que le petit vélo est prêt à démarrer, et qu'il vous faut vous déshabituer de sa présence.

Car aussitôt : « Non, c'est un chauffard, qui... », « Non, ce n'est qu'une voiture qui vient de passer à grande vitesse devant moi. »

Vous verrez, plus de prise pour les émotions, plus de pensées négatives : c'est magique, et extrêmement confortable.

Pour que cela marche, il vous faut faire attention au choix des mots que vous allez utiliser. Si vous vous dites : « Il y a un chauffard qui vient de me passer devant », évidemment, ça ne servira à rien.

Il faut vraiment trouver les bons mots pour être le plus descriptif possible, et ne laisser aucune place aux émotions.

Essayez dans votre vie de tous les jours, pour des situations énervantes, mais anodines, et vous en prendrez rapidement l'habitude.

Selon les personnes, il est important, ou non, de passer par l'étape de définition des pensées rationnelles.

Essayez ce qui vous correspond le mieux : soit vous avez besoin d'abord de réfléchir aux pensées alternatives, puis de continuer en ne vous en tenant qu'aux faits. Soit vous en saisissez la compréhension et passez directement à la description de la réalité.

Il n'y a pas de bonne ou de mauvaise méthode, mais celle qui vous correspond : les deux aboutissent au même résultat.

Mon agenda du changement

Reportez-vous à : Mon agenda du changement, Bilan – Étape 7, 1. Je change mon regard, 2. Je pense autrement, 3 . Je m'en tiens aux faits, p. 187-193.

• Trouvez votre étiquette

Faites une liste de toutes vos activités. En regard, portez ce pourquoi vous les pratiquez, ce qu'elles vous apportent. Cherchez ensuite le qualificatif commun à toutes, leur quintessence. Testez enfin cette étiquette dans les situations de votre vie.
Par exemple :
Évoluer, Développer, Transmettre, Inciter, Apprendre, Organiser, Prévoir, Éveiller, Donner, Influer, Aider, Montrer, Épanouir…

• Intégrez-la dans votre vie et requalifiez les situations qui n'ont pas été favorables

Par exemple :
• Situation : je me mets en colère avec un collaborateur.
– Ma colère est-elle légitime ? Oui, car cela n'avance pas.
– Mon étiquette : « Enseigner ».
– Cohérence de la situation par rapport à l'étiquette : oui, car sinon mon collaborateur n'aurait pas entendu ce que j'avais à lui dire (j'avais essayé à plusieurs reprises calmement et il ne faisait aucun usage de mes conseils).
– Conclusion/solution : j'ai adopté la bonne méthode, je n'ai rien à changer, mon attitude a permis à mon collègue de progresser.

• Situation : je n'aime pas encadrer des enfants.
– Mon désengagement est-il légitime ? Non, car il me semble important de m'occuper des enfants.
– Mon étiquette : « Éveiller ».
– Cohérence : aucune, car je ne suis effectivement pas incompétent dans ce domaine.

– Conclusion/solution : cela me remotive et je suis désormais content de passer des après-midi avec les enfants dans cette nouvelle optique de leur apprendre à gérer les conflits.

• Je m'en tiens aux faits

• Cherchez, dans vos situations négatives, ce que vous avez pensé, puis ce que vous auriez pu penser d'autre, sans oublier que la réalité est probablement autre.
Par exemple : un chauffard me fait une queue-de-poisson.
– Je pense que c'est un crétin qui se croit tout permis.
– Je peux également penser que sa femme est en train d'accoucher ou qu'il vient d'être prévenu que son fils est à l'hôpital.
– Je me dis également qu'il a peut-être tout simplement une bonne raison que je ne connais pas car je ne suis pas lui.

• Apprenez ensuite à rester descriptif et cherchez les bons mots pour reformuler la situation que vous avez vécue :
– « Une voiture vient de me doubler à grande vitesse. »

Votre bilan s'est bien enrichi au cours des chapitres[1].

La première étape est de pointer du doigt les situations qui ne vous ont pas satisfait, celles auxquelles il vous faut trouver des solutions.

L'étape suivante est de faire le tri dans les situations négatives que vous vivez.

D'abord en repérant celles qui sont légitimes, c'est-à-dire celles que tout le monde vivrait de la même manière, pour lesquelles vous n'avez aucune responsabilité et pour lesquelles il n'y a rien à changer.

Demandez-vous ensuite, dans celles qui restent, celles pour lesquelles, en faisant abstraction de la difficulté et de vos émotions, vous avez atteint votre objectif.

Vous allez encore en retirer, pour ne laisser au final que celles sur lesquelles il y a vraiment des choses à faire.

Pour celles-là, vous savez désormais que vous avez les capacités de les gérer, en les anticipant, par exemple, en sachant que vous retomberez sur vos pieds, même si ce n'est

1. Voir Bilan – Récapitulatif p. 194.

pas toujours facile, mais que, bon an, mal an, vous essayez de progresser dans la direction qui vous correspond.

Vous avez également appris à prendre du temps pour vous.

En parallèle, vous avez pris conscience de vos points positifs, des bons moments de vos journées, de vos qualités et de celles des autres.

Vous avez trouvé l'étiquette qui définit le sens de votre vie et remis vos actions en perspective par rapport à elle.

Tout cela mis bout à bout vous conduit sur le chemin de votre bien-être.

Conclusion

L'Organisation mondiale de la santé propose une définition de la santé mentale qui nous permet de bien en saisir les différentes composantes : « Une personne en bonne santé mentale est une personne capable de s'adapter aux diverses situations de la vie, faites de frustrations et de joies, de moments difficiles à traverser ou de problèmes à résoudre. Une personne en bonne santé mentale est donc quelqu'un qui se sent suffisamment en confiance pour s'adapter à une situation à laquelle il ne peut rien changer ou pour travailler à la modifier si c'est possible. Cette personne vit son quotidien libre des peurs ou des blessures anciennes qui pourraient contaminer son présent et perturber sa vision du monde. De plus, quelqu'un en bonne santé mentale est capable d'éprouver du plaisir dans ses relations avec les autres. Bref, posséder une bonne santé mentale, c'est parvenir à établir un équilibre entre tous les aspects de sa vie : physique, psychologique, spirituel, social et économique. Ce n'est pas quelque chose de statique, c'est plutôt quelque chose qui fluctue sur un continuum, comme la santé physique. »

Ainsi, vous allez bien lorsque votre humeur concorde avec la situation du moment.

Vous êtes joyeux ou content parce que la nouvelle que vous recevez est bonne, triste ou peiné, parce que la nouvelle est mauvaise. En ce cas, vous savez mettre en branle les ressources qui vous permettront de vous adapter et de faire face. En ce sens, faire un bilan de votre journée vous permet de prendre du recul par rapport aux événements que vous avez vécus, de réfléchir aux stratégies que vous pourrez utiliser, aux objectifs que vous pouvez vouloir vous donner.

Nous pouvons également être abattus, voire déprimés, à la suite de la perte d'un être cher. La variation de notre humeur est une forme d'adaptation aux aléas de la vie. Mais rester de glace, ne laisser voir aucune émotion lorsqu'on vit un événement tragique peut être un signe que tout ne va pas bien !

Comment, dès lors, savoir que vous avez atteint votre niveau optimal (si je puis dire) de bien-être ?

Lorsque vos réactions vous font exprimer des émotions : « J'aime, ou je n'aime pas. » Lorsque vous ressentez des émotions variées, en qualité et en intensité, tout en restant capable de les gérer.

Tout va bien lorsque vous êtes capable de vous concentrer sur ce que vous avez à faire, de maintenir votre attention le temps nécessaire, de porter des jugements sensés sur la réalité.

Tout va bien lorsque vous êtes capable d'être à votre écoute, tout en étant à celle des autres, de vous oublier sans vous oublier.

Tout va bien lorsque vous ne tombez pas dans un excès, dans un absolu ou dans un incontournable.

Car la vie est faite d'aléas, de moments imprévus, imprévisibles et délicieux, que personne ne peut prévoir.

C'est ce qui en fait la magie.

Ça, et votre capacité d'adaptation.

Alors, croyez-y et allez bien !

TROISIÈME PARTIE

Mon agenda du changement

1. J'identifie les moments de la journée où j'ai du temps pour penser

Lundi	Mardi	Mercredi	Jeudi
8	8	8	8 ....
9	9	9	9 ....
10	10	10	10 ....
11	11	11	11 ....
12	12	12	12 ....
13	13	13	13 ....
14	14	14	14 ....
15	15	15	15 ....
16	16	16	16 ....
17	17	17	17 ....
18	18	18	18 ....
19	19	19	19 ....
20	20	20	20 ....
21	21	21	21 ....
22	22	22	22 ....
23	23	23	23 ....
24	24	24	24 ....

1. Voir chapitre 1, deuxième partie, p. 97.

Vendredi	Samedi	Dimanche
8	8	8
9	9	9
10	10	10
11	11	11
12	12	12
13	13	13
14	14	14
15	15	15
16	16	16
17	17	17
18	18	18
19	19	19
20	20	20
21	21	21
22	22	22
23	23	23
24	24	24

2. Mes moyens pour penser à prendre du temps pour moi

Lundi	Mardi	Mercredi	Jeudi
Pense-bête	Pense-bête	Pense-bête	Pense-bête
8	8	8	8 ....
9	9	9	9 ....
10	10	10	10 ....
11	11	11	11 ....
12	12	12	12 ....
13	13	13	13 ....
14	14	14	14 ....
15	15	15	15 ....
16	16	16	16 ....
17	17	17	17 ....
18	18	18	18 ....
19	19	19	19 ....
20	20	20	20 ....
21	21	21	21 ....
22	22	22	22 ....
23	23	23	23 ....
24	24	24	24 ....

Vendredi	Samedi	Dimanche
Pense-bête	Pense-bête	Pense-bête
8	8	8
9	9	9
10	10	10
11	11	11
12	12	12
13	13	13
14	14	14
15	15	15
16	16	16
17	17	17
18	18	18
19	19	19
20	20	20
21	21	21
22	22	22
23	23	23
24	24	24

3. Je définis mes objectifs de vie idéale

☞ Mes objectifs

.... | ....

4. Je me transforme en observateur

☞ Les situations qui me posent problème

....

Je deviens mon propre observateur

Je décris les situations qui ne m'ont pas satisfait(e).

Lundi	....
Mardi	....
Mercredi	....
Jeudi	....
Vendredi	....
Samedi	....
Dimanche	....

1. Voir chapitre 1, deuxième partie, p. 97.
2. Vous trouverez un récapitulatif de votre cheminement pas à pas, p. 194.

Bilan – Étape 2[1]

1. Mon positif

Situations passées

☞ Mes faits positifs

1 ....

2 ....

3 ....

4 ....

5 ....

☞ Mes qualités

1 ....

2 ....

3 ....

Je prévois

☞ Mes actions positives

1 ....

2 ....

3 ....

4 ....

5 ....

☞ Mes qualités

1 ....

2 ....

3 ....

1. Voir chapitre 2, deuxième partie, p. 103.

2. Mes activités

☞ Cette semaine

1 ....

2 ....

3 ....

4 ....

5 ....

☞ Ce mois-ci

1 ....

2 ....

3 ....

4 ....

5 ....

☞ Cette année

1 ....

2 ....

3 ....

4 ....

5 ....

3. Mes projets

☞ Pour la semaine

- ....
- ....
- ....
- ....
- ....
- ....

☞ Pour le mois

- ....
- ....
- ....
- ....
- ....
- ....

☞ Pour l'année

- ....
- ....
- ....
- ....
- ....
- ....

Mes projets

☞ Pour la semaine

- ....
- ....
- ....
- ....
- ....
- ....

☞ Pour le mois

- ....
- ....
- ....
- ....
- ....
- ....

☞ Pour l'année

- ....
- ....
- ....
- ....
- ....
- ....

Bilan – Étape 3[1]

1. Je fais le tri

Lundi

Situations désagréables	Ai-je bien réagi ?	Ce que j'aurais dû ressentir
....	Oui / Non	....
....	Non → Suis-je responsable ?	....
....	Oui / Non	....
....		....
....		....

Mardi

Situations désagréables	Ai-je bien réagi ?	Ce que j'aurais dû ressentir
....	Oui / Non	....
....	Non → Suis-je responsable ?	....
....	Oui / Non	....
....		....
....		....

Mercredi

Situations désagréables	Ai-je bien réagi ?	Ce que j'aurais dû ressentir
....	Oui / Non	....
....	Non → Suis-je responsable ?	....
....	Oui / Non	....
....		....
....		....

1. Voir chapitre 3, deuxième partie, p. 111.

Jeudi

Situations désagréables	Ai-je bien réagi ?	Ce que j'aurais dû ressentir
....	Oui / Non	....
....	Non → Suis-je responsable ?	....
....	Oui / Non	....
....		....
....		....

Vendredi

Situations désagréables	Ai-je bien réagi ?	Ce que j'aurais dû ressentir
....	Oui / Non	....
....	Non → Suis-je responsable ?	....
....	Oui / Non	....
....		....
....		....

Samedi

Situations désagréables	Ai-je bien réagi ?	Ce que j'aurais dû ressentir
....	Oui / Non	....
....	Non → Suis-je responsable ?	....
....	Oui / Non	....
....		....
....		....

Dimanche

Situations désagréables	Ai-je bien réagi ?	Ce que j'aurais dû ressentir
....	Oui / Non	....
....	Non → Suis-je responsable ?	....
....	Oui / Non	....
....		....
....		....

2. Je gère

Lundi

Situations désagréables	Ce que j'aurais dû ressentir	Ai-je bien réagi ? Oui / Non
....	....	
....	....	
....	....	
....	....	
....	....	

Mardi

Situations désagréables	Ce que j'aurais dû ressentir	Ai-je bien réagi ? Oui / Non
....	....	
....	....	
....	....	
....	....	
....	....	

Mercredi

Situations désagréables	Ce que j'aurais dû ressentir	Ai-je bien réagi ? Oui / Non
....	....	
....	....	
....	....	
....	....	
....	....	

1. Voir chapitre 4, deuxième partie, p. 117.

Suis-je responsable ?	Comment aurais-je voulu réagir ?	Quel était mon objectif ?
↙ ↘	↙ ↘	↙ ↘
Oui Non	Possible ? Impossible ?	Atteint ? Pas atteint ?
	↓	……………………………………
	Quels obstacles ?	……………………………………
	……………………………………	……………………………………
	……………………………………	……………………………………

Suis-je responsable ?	Comment aurais-je voulu réagir ?	Quel était mon objectif ?
↙ ↘	↙ ↘	↙ ↘
Oui Non	Possible ? Impossible ?	Atteint ? Pas atteint ?
	↓	……………………………………
	Quels obstacles ?	……………………………………
	……………………………………	……………………………………
	……………………………………	……………………………………

Suis-je responsable ?	Comment aurais-je voulu réagir ?	Quel était mon objectif ?
↙ ↘	↙ ↘	↙ ↘
Oui Non	Possible ? Impossible ?	Atteint ? Pas atteint ?
	↓	……………………………………
	Quels obstacles ?	……………………………………
	……………………………………	……………………………………
	……………………………………	……………………………………

Jeudi

Situations désagréables	Ce que j'aurais dû ressentir	Ai-je bien réagi ? ↙ ↘ Oui Non
....	....	
....	....	
....	....	
....	....	
....	....	

Vendredi

Situations désagréables	Ce que j'aurais dû ressentir	Ai-je bien réagi ? ↙ ↘ Oui Non
....	....	
....	....	
....	....	
....	....	
....	....	

Samedi

Situations désagréables	Ce que j'aurais dû ressentir	Ai-je bien réagi ? ↙ ↘ Oui Non
....	....	
....	....	
....	....	
....	....	
....	....	

Dimanche

Situations désagréables	Ce que j'aurais dû ressentir	Ai-je bien réagi ? ↙ ↘ Oui Non
....	....	
....	....	
....	....	
....	....	
....	....	

Suis-je responsable ? ↙ ↘ Oui Non	Comment aurais-je voulu réagir ? ↙ ↘ Possible ? Impossible ? ↓ Quels obstacles ?	Quel était mon objectif ? ↙ ↘ Atteint ? Pas atteint ?
Suis-je responsable ? ↙ ↘ Oui Non	Comment aurais-je voulu réagir ? ↙ ↘ Possible ? Impossible ? ↓ Quels obstacles ?	Quel était mon objectif ? ↙ ↘ Atteint ? Pas atteint ?
Suis-je responsable ? ↙ ↘ Oui Non	Comment aurais-je voulu réagir ? ↙ ↘ Possible ? Impossible ? ↓ Quels obstacles ?	Quel était mon objectif ? ↙ ↘ Atteint ? Pas atteint ?
Suis-je responsable ? ↙ ↘ Oui Non	Comment aurais-je voulu réagir ? ↙ ↘ Possible ? Impossible ? ↓ Quels obstacles ?	Quel était mon objectif ? ↙ ↘ Atteint ? Pas atteint ?

J'anticipe pour améliorer la situation

	Demain, je prévois de faire	Je définis mon objectif (minimal)	Ce que je crains
Jour J	....	....	....

Jour J +1 — Ai-je réussi ?
→ Oui, je me félicite
→ Non, situations désagréables

	Demain, je prévois de faire	Je définis mon objectif (minimal)	Ce que je crains
Jour J	....	....	....

Jour J +1 — Ai-je réussi ?
→ Oui, je me félicite
→ Non, situations désagréables

1. Voir chapitre 5, deuxième partie, p. 121.

J'envisage le pire, pas à pas	Avec mes réponses et les stratégies pour faire face	Quelle est ma trousse à outils ?	Je répète. Quels moyens pour cela ?
....	....	....	....
....	....	....	....
....	....	....	....
....	....	....	....
....	....	....	....
....	....	....	....
....	....	....	....
....	....	....	....

J'envisage le pire, pas à pas	Avec mes réponses et les stratégies pour faire face	Quelle est ma trousse à outils ?	Je répète. Quels moyens pour cela ?
....	....	....	....
....	....	....	....
....	....	....	....
....	....	....	....
....	....	....	....
....	....	....	....
....	....	....	....
....	....	....	....

1. J'observe les autres

Je choisis chaque jour deux personnes. J'observe leurs attitudes et je note si elles sont juste affirmées (ni provocatrices ni agressives, et ne cherchant pas à avoir absolument raison), peu affirmées (ne disant rien)

Personne X	DIRE				
	Opinion	Critique	Compliment	Demande	Non
Affirmation juste					
Peu affirmée					
Trop affirmée					

Personne Y	DIRE				
	Opinion	Critique	Compliment	Demande	Non
Affirmation juste					
Peu affirmée					
Trop affirmée					

1. Voir chapitre 6, deuxième partie, p. 129.

ou trop affirmées (cherchant à avoir raison, ayant toujours un avis sur tout, n'écoutant pas les autres).

RECEVOIR				
Opinion	Critique	Compliment	Demande	Non

RECEVOIR				
Opinion	Critique	Compliment	Demande	Non

2. Les bons côtés des autres

	Les actes gratuits		Je vais vers
	Points positifs	Qualités	Je les observe
Lundi	1 .... 2 .... 3 .... 4 .... 5	1 .... 2 .... 3	
Mardi	1 .... 2 .... 3 .... 4 .... 5	1 .... 2 .... 3	
Mercredi	1 .... 2 .... 3 .... 4 .... 5	1 .... 2 .... 3	
Jeudi	1 .... 2 .... 3 .... 4 .... 5	1 .... 2 .... 3	
Vendredi	1 .... 2 .... 3 .... 4 .... 5	1 .... 2 .... 3	
Samedi	1 .... 2 .... 3 .... 4 .... 5	1 .... 2 .... 3	
Dimanche	1 .... 2 .... 3 .... 4 .... 5	1 .... 2 .... 3	

1. Voir chapitre 7, deuxième partie, p. 133.

les autres	Je me lance	
J'en choisis un par jour	Satisfait(e)	Pas satisfait(e)/ Comment l'améliorer

3. Le chemin des générations passées

☞ Je choisis une situation et je la considère par rapport à tous ceux qui m'ont précédé(e)

....

....

....

....

....

....

....

....

....

....

....

....

....

....

....

....

....

....

....

....

....

La détente active

☞ J'identifie mes moments de détente

Lundi ....

....

Mardi ....

....

Mecredi ....

....

Jeudi ....

....

Vendredi ....

....

Samedi ....

....

Dimanche ....

....

☞ Je construis mon scénario

Lundi ....

....

Mardi ....

....

Mecredi ....

....

1. Voir chapitre 8, deuxième partie, p. 139.

Jeudi ....

....

Vendredi ....

....

Samedi..

....

Dimanche ....

....

☞ J'associe les deux

Lundi ....

....

Mardi ....

....

Mecredi...

....

Jeudi ....

....

Vendredi ....

....

Samedi..

....

Dimanche ....

....

1. Je change mon regard

a. Je trouve mon étiquette

Mes activités	....
Ce qu'elles m'apportent	....
Le point commun qualificatif	....

1. Voir chapitre 9, deuxième partie, p. 147.

b. Je change mon regard sur les situations désagréables

	Situations	Émotions	Légitime ? Oui/Non
Lundi	....	....	....
Mardi	....	....	....
Mercredi	....	....	....
Jeudi	....	....	....
Vendredi	....	....	....
Samedi	....	....	....
Dimanche	....	....	....

Mon étiquette	Est-ce que la situation correspond à mon étiquette ?	Solutions

2. Je pense autrement

	Situations désagréables
Lundi	....
Mardi	....
Mercredi	....
Jeudi	....
Vendredi	....
Samedi	....
Dimanche	....

Mes pensées	Ce que je peux penser d'autre

3. Je m'en tiens aux faits, je reste descriptif

	Situations désagréables
Lundi	....
Mardi	....
Mercredi	....
Jeudi	....
Vendredi	....
Samedi	....
Dimanche	....

Je décris en cherchant les bons mots
....
....
....
....
....
....
....

Mon cheminement

Chaque jour, votre bilan se doit de comporter chacun des éléments suivants.

1. Les situations désagréables

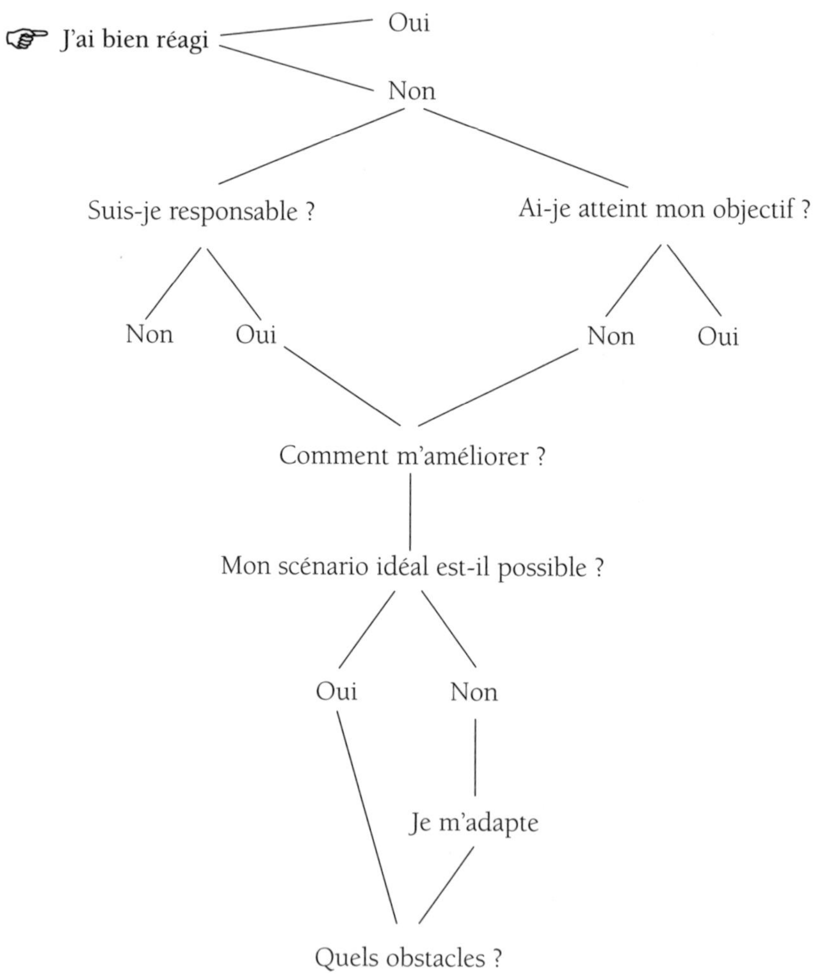

☞ Mes émotions

– Ce que j'ai ressenti

....

– Ce que j'aurais dû ressentir

....

☞ Mes pensées

– Ce que je pense

....

– Ce que je peux penser d'autre

....

☞ Je reste descriptif(ve)

....

☞ La situation par rapport à mon étiquette

Rappel de mon étiquette : ....

– Degré de correspondance

....

– Je modifie mes activités

....

2. J'anticipe

....

3. Mon positif

....

☞ Mes faits positifs

....

☞ Mes qualités

....

4. Mes projets

....

5. Le positif des autres

....

☞ Les points positifs des autres

....

☞ Leurs qualités

....

6. Le chemin des générations passées

....

Chaque jour, je note

☞ Situations désagréables

☞ J'anticipe

☞ Mes faits positifs

☞ Mes qualités

☞ Mes projets

☞ Les points positifs des autres

☞ Leurs qualités

☞ Le chemin des générations passées

Les fiches outils

Les fiches outils

1. Quelques éléments d'affirmation de soi

☞ Faire une demande

– Entre amis
Ex : Demander à un ami de rendre un livre prêté

– À des inconnus
Ex : Demander à passer devant quelqu'un dans une queue de magasin

– Au travail
Ex : Demander à son patron de partir plus tôt

– En famille
Ex : Demander à son conjoint de s'occuper du dîner

☞ Faire un refus

– À des amis, à des parents
Ex : Refuser d'aller dîner

– À des inconnus
Ex : Refuser une table au restaurant

– Au travail
Ex : Refuser à son patron de rester après l'heure

☞ Accepter une critique

– Justifiée
Ex : Plusieurs retards de suite au travail

– Vague
Ex : On ne peut jamais compter sur toi

☞ Recevoir du positif

– Réponse à un compliment sur un détail matériel
Ex : Sur un détail vestimentaire

– Réponse à un compliment sur une qualité
Ex : Sur la bonne humeur

☞ Exprimer ses sentiments

– Mécontentement

– Tristesse

– Joie

– Tendresse

2. Quelques idées pour la gestion du stress

☞ Techniques de résolution de problème

- Définition, formulation du problème
- Recueil d'information, évaluation de l'objectif
- Création de solutions
- Prise de décision (évaluation des solutions)
- Mise en place et évaluation de la solution retenue

☞ L'entraînement aux habiletés de communication

- Dire « Non »
- Demander un changement
- Exprimer ses émotions
- Répondre aux critiques

☞ Techniques de gestion du temps

- Faire un horaire (incluant des activités agréables)
- Établir des priorités

☞ Tenir compte de l'environnement

- Les autres :
  Informer de ses besoins précis
  Remercier
  Accepter que l'aide reçue soit imparfaite
- Changer l'environnement
  Le rendre plus sécuritaire
  Le rendre plus simple

☞ Techniques de gestion des émotions

– Détourner son attention

– Rechercher le sens de ce que l'on vit

– Se parler comme à un ami

– Exprimer ses sentiments

☞ Techniques de restructuration des pensées

– S'observer

– Prendre de la distance, dédramatiser

– Remettre ses pensées à leur juste place

– Se comparer à d'autres personnes dans la même situation

– Réviser ses critères pour ne pas se demander l'impossible

☞ Entraînement à la relaxation

– Apprendre à se détendre dans les moments de tension

– Garder du temps pour soi

3. Quelques éléments de résolution de problème

1. D'abord, définir le problème

2. Puis rechercher toutes les solutions possibles

3. Évaluation pour chaque solution, des avantages et des inconvénients

4. Choisir la solution offrant le plus d'avantages et le moins d'inconvénients

5. Pour la solution retenue, évaluer les moyens nécessaires

6. Voir si ces moyens sont disponibles

7. S'ils ne le sont pas, revenir à l'étape 4 jusqu'à l'obtention d'une solution (ou éventuellement redéfinir le problème).

8. Quand une solution est retenue, envisager de quelle manière nous allons pouvoir pratiquement la mettre en œuvre.

4. Arbre de décision des soucis

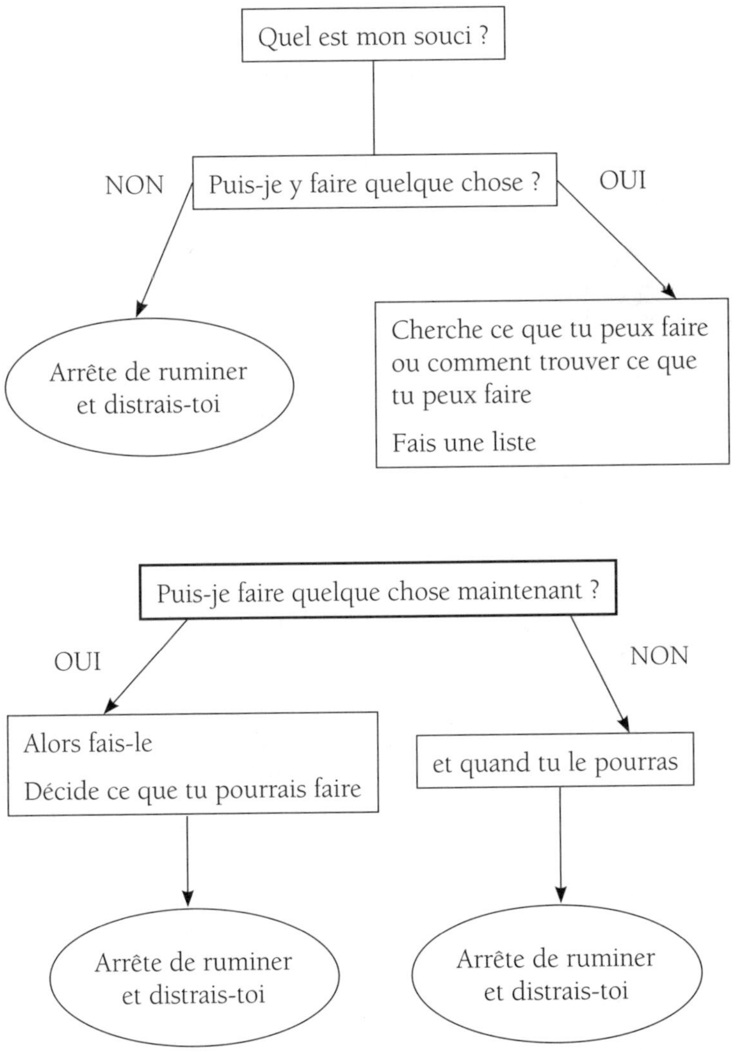

Pour en savoir plus

Des lectures

➤ ***De Béatrice Millêtre***

Bébé s'éveille, Paris, Éditions Gründ, 1995.

Bien vivre son homosexualité et réussir son coming-out, Paris, Odile Jacob, 2006.

J'éveille mon bébé, Paris, Odile Jacob, 2005.

Petit Guide à l'usage des gens intelligents qui ne se trouvent pas très doués, Paris, Payot, 2007.

Bien avec soi-même, bien avec les autres, Paris, Payot, 2008.

➤ ***De philosophes***

Épictète, *Manuel,* Paris, Mille et Une Nuits.

Marc Aurèle, *Pensées pour moi-même*, Paris, Flammarion.

Nietzsche F., *Par-delà le bien et le mal,* Paris, Gallimard.

Pascal B., *Pensées,* Paris, Flammarion.

Platon, *Œuvres complètes*, Paris, Gallimard, coll. « Bibliothèque de la Pléiade ».

Saint Thomas d'Aquin, *Sur le bonheur*, Paris, Librairie philosophique Vrin.

➤ ***D'autres auteurs***

André C., *Imparfaits, libres et heureux,* Paris, Odile Jacob, 2006.

Brun M.-L., *Oser décider*, Paris, Atelier, 2005.

Csiksentmihalyi M., *Vivre, la psychologie du bonheur,* Paris, Robert Laffont, 2004.

Cungi C., *Savoir s'affirmer en toutes circonstances,* Paris, Retz, 2005.

Cungi C., *Surmonter sa timidité,* Paris, Retz, 2005.

Cungi C., *Savoir s'affirmer,* Paris, Retz (2e éd.), 2001.

Duclos G., *L'Estime de soi, un passeport pour la vie*, Montréal, Éditions de l'hôpital Sainte-Justine (2e éd), 2004.

Granier E., *Petit Guide de thérapie comportementale et cognitive à l'usage des patients*, Édition de l'AFTA (disponible en téléchargement sur http://www.afta-anxiete.org/), 2003.

Lelord F. et André C., *La Force des émotions*, Paris, Odile Jacob, 2001.

Nazare-Aga I., *Les manipulateurs sont parmi nous,* Montréal, Éditions de l'Homme, 1997.

Nazare-Aga I., *Approcher les autres, est-ce si difficile ?*, Montréal, Éditions de l'Homme, 1999.

Van Rillaeer J., *La Gestion de soi*, Wavre, Mardaga, 1992.

Des sites Internet

• Association canadienne pour la santé mentale :
www.acsm-ca.qc.ca

• www.mind.org.uk
En français sur http://www.multikulti.org.uk/fr/health/how-to-improve-your-mental-wellbeing/

• Organisation mondiale de la santé
http://www.who.int/topics/mental_health/fr/index.html

• Santé mentale Europe
http://www.mhe-sme.org

Ouvrage proposé par Christophe André

CET OUVRAGE A ÉTÉ COMPOSÉ
ET MIS EN PAGES CHEZ NORD COMPO (VILLENEUVE-D'ASCQ)
ET ACHEVÉ D'IMPRIMER
PAR L'IMPRIMERIE FLOCH À MAYENNE
EN DÉCEMBRE 2008

N° d'impression : 72718
N° d'édition : 7381-2228-X
Dépôt légal : janvier 2009
Imprimé en France